Auslandsverschuldung, Terms of Trade und überlappende Generationen

Europäische Hochschulschriften
Publications Universitaires Européennes
European University Studies

Reihe V
Volks- und Betriebswirtschaft
Série V   Series V
Sciences économiques, gestion d'entreprise
Economics and Management

Bd./Vol. 1110

PETER LANG
Frankfurt am Main · Bern · New York · Paris

Harald Großmann

Auslandsverschuldung, Terms of Trade und überlappende Generationen

Eine theoretische Überprüfung
der Schuldenzyklushypothese
und der Prebisch-Singer-These

PETER LANG
Frankfurt am Main · Bern · New York · Paris

CIP-Titelaufnahme der Deutschen Bibliothek

Großmann, Harald:
Auslandsverschuldung, Terms of Trade und überlappende Generationen : eine theoretische Überprüfung der Schuldenzyklushypothese und der Prebisch-Singer-These / Harald Großmann. - Frankfurt am Main ; Bern ; New York ; Paris : Lang, 1990
  (Europäische Hochschulschriften : Reihe 5, Volks- und Betriebswirtschaft. Bd. 1110)
  Zugl.: Hamburg, Univ. d. Bundeswehr, Diss., 1989
  ISBN 3-631-42695-X

NE: Europäische Hochschulschriften / 05

Gedruckt mit finanzieller Unterstützung meiner Eltern und der Universität der Bundeswehr Hamburg

D 705
ISSN 0531-7339
ISBN 3-631-42695-X

© Verlag Peter Lang GmbH, Frankfurt am Main 1990
Alle Rechte vorbehalten.

Das Werk einschließlich aller seiner Teile ist urheberrechtlich geschützt. Jede Verwertung außerhalb der engen Grenzen des Urheberrechtsgesetzes ist ohne Zustimmung des Verlages unzulässig und strafbar. Das gilt insbesondere für Vervielfältigungen, Übersetzungen, Mikroverfilmungen und die Einspeicherung und Verarbeitung in elektronischen Systemen.

Printed in Germany 1 2 4 5 6 7

Vorwort

Die vorliegende Arbeit entstand in den Jahren 1985 - 1989 während meiner Tätigkeit als Wissenschaftlicher Mitarbeiter am Institut für Theoretische Volkswirtschaftslehre der Universität der Bundeswehr Hamburg. Im September 1989 wurde sie vom Fachbereich Wirtschafts- und Organisationswissenschaften als Dissertation angenommen.

Mein Dank gilt besonders Prof. Dr. Michael Schmid, der mir die Anregung zu dem Thema gab und mich als Erstgutachter in allen Phasen der Arbeit mit viel Verständnis und wertvollen Ratschlägen vorbildlich betreute, sowie Prof. Dr. Michael Carlberg für sehr hilfreiche Diskussionen und die Übernahme des Zweitgutachtens. Sie mögen mir verzeihen, daß ich nicht auf sämtliche ihrer Anregungen eingegangen bin.

Danken möchte ich auch Prof. Dr. Gerd Hansen und Prof. Dr. Karl-Werner Hansmann, die sich bereit erklärten, mich im Rahmen meines Promotionsverfahrens mündlich zu prüfen, sowie der Deutschen Forschungsgemeinschaft für die lehrreichen Tagungen und ihre finanzielle Hilfe. Zum Gelingen der Arbeit trugen ebenfalls zahlreiche Hinweise und kritische Anmerkungen meiner Kollegen Dr. Jochen Michaelis, Dr. Romeo Grill, Frau Dipl.-Vw. Gudrun Peschutter und Dipl.-Kfm. Olaf Meyer bei.

Nicht zuletzt gilt mein Dank Peter Greve, Astrid Splitt und Ulrike Kusch-Großmann, die mich in vielerlei Hinsicht unterstützten.

Hamburg, im Januar 1990   Harald Großmann

INHALTSVERZEICHNIS

	Seite
Symbolverzeichnis	VI
Verzeichnis der Abbildungen	IX
1. Einleitung	1
2. Konsumtiv und investiv verursachte Auslandsverschuldung im Zwei-Perioden-Modell	6
2.1 Das Modell einer geschlossenen Volkswirtschaft	6
2.2 Die Erweiterung auf eine kleine offene Volkswirtschaft	9
2.3 Die Zwei-Länder-Betrachtung	10
3. Auslandsverschuldung im Grundmodell der neoklassischen Wachstumstheorie	17
3.1 Das neoklassische Wachstumsmodell einer geschlossenen Volkswirtschaft (Solow-Modell)	19
3.2 Das neoklassische Zwei-Länder-Wachstumsmodell	23
3.3 Das Zwei-Länder-Modell bei identischen Produktionstechnologien	27
3.3.1 Steady-State	29
3.3.2 Dynamik - die Darstellung im z,k-Diagramm	31
3.4 Das Zwei-Länder-Modell bei abweichenden Produktionstechnologien	35
3.4.1 Steady-State	37
3.4.2 Dynamik - die Darstellung im a,a^*-Diagramm	39
3.4.3 Komparative Statik und der Anpassungspfad zum neuen Steady-State	45
3.4.3.1 Konsumschocks	45
3.4.3.2 Produktivitätsschocks	48
3.4.3.3 Produktivitätsschocks und Auslandsverschuldung bei speziellen Produktionsfunktionen	51

	Seite
4. Auslandsverschuldung im Modell mit überlappenden Generationen	55
4.1 Die Diamond-Variante des "Overlapping-Generations"-Modells einer geschlossenen Volkswirtschaft	58
4.1.1 Konsum und Ersparnis	58
4.1.2 Produktion und Faktornachfrage	61
4.1.3 Kapital- und Gütermarktgleichgewicht	63
4.1.4 Stabilität und Steady-State	67
4.2 Ein Modell der Weltwirtschaft mit überlappenden Generationen	70
4.2.1 Güter- und Kapitalmarktgleichgewicht in der offenen Volkswirtschaft	71
4.2.2 Bestimmung des Zinssatzes am Weltkapitalmarkt	75
4.2.3 Stabilität und Steady-State in der offenen Volkswirtschaft	77
4.3 Das Zwei-Länder-Modell bei identischen Produktionsfunktionen	81
4.3.1 Stabilität und Steady-State	83
4.3.1.1 Die Darstellung im a,a^*-Raum	85
4.3.1.2 Die Darstellung im z,k-Raum	87
4.3.2 Der Konsumschock - komparative Statik und der Anpassungspfad zum neuen Steady-State	89
4.3.2.1 Die Darstellung im a,a^*-Diagramm	90
4.3.2.2 Die Darstellung im z,k-Diagramm	92
4.4 Das Zwei-Länder-Modell bei unterschiedlichen Zeitpräferenzen und Technologien	98
4.4.1 Steady-State - die Darstellung im a,a^*-Raum	100
4.4.2 Dynamik	106
4.4.3 Komparative Statik und der Anpassungspfad zum neuen Steady-State	109

	Seite
4.4.3.1 Konsumschocks	109
4.4.3.2 Produktivitätsschocks	112
4.4.3.3 Produktivitätsschock bei Cobb-Douglas-Produktionstechnologien	114
4.4.3.4 Produktivitätsschock bei CES-Produktionstechnologien	119
4.5 Exkurs: Das Modell überlappender Generationen, das Zwei-Perioden-Modell und das Solow-Modell - ein Vergleich	124
5. Ein Nord-Süd-Modell mit überlappenden Generationen	133
5.1 Die grundlegende Modellstruktur	137
5.1.1 Produktion, Faktornachfrage und die Bestimmung der Terms of Trade	137
5.1.2 Konsum und Ersparnis	142
5.1.3 Gleichgewicht auf Kapital- und Inlandsgütermarkt	145
5.2 Stabilität und Steady-State	150
5.2.1 Die Darstellung im k,k^*-Diagramm	152
5.2.2 Die Darstellung im a,a^*-Diagramm	155
5.2.3 Die Darstellung im p,k-Diagramm	160
5.3 Dynamik	163
5.3.1 Die Darstellung im a,a^*-Diagramm	163
5.3.2 Die Darstellung im p,k-Diagramm	165
5.4 Komparative Statik und der Anpassungspfad zum neuen Steady-State	168
5.4.1 Konsumschocks	168
5.4.2 Produktivitätsschocks	173
5.4.3 Auswirkungen auf das Volkseinkommen im Norden und im Süden	183
6. Zusammenfassung und Schlußbemerkungen	186
Literaturverzeichnis	191

Symbolverzeichnis

1) Variablen

X	Output eines Landes
x	Pro-Kopf-Output
K	Kapitalstock, Sachvermögen
k	Kapitalintensität
L	Arbeitseinsatz
A	(Rein-)Vermögen
a	Pro-Kopf-Vermögen
Z	(Netto-)Auslandsposition
z	Auslandsposition pro Kopf
Y	Volkseinkommen
y	Volkseinkommen pro Kopf
I	Investition
i	Pro-Kopf-Investition
S	gesamtwirtschaftliche Ersparnis
s	Pro-Kopf-Ersparnis
C	gesamtwirtschaftlicher Konsum
c	Pro-Kopf-Konsum
C^1	Konsum der jungen Generation
c^1	Pro-Kopf-Konsum der jungen Generation
C^2	Konsum der alten Generation
c^2	Pro-Kopf-Konsum der alten Generation
S^j	Ersparnis der jungen Generation
s^j	Pro-Kopf-Ersparnis der jungen Generation

Q	Leistungsbilanzsaldo
q	Leistungsbilanzsaldo pro Kopf
H	Handelsbilanzsaldo
h	Handelsbilanzsaldo pro Kopf
V	Vorleistung, Output des Südens
v	Pro-Kopf-Output des Südens
W	Lohneinkommen aller Arbeiter eines Landes
w	(Real-)Lohnsatz
r	Zinssatz
p	Terms of Trade des Südens
EW	Ertragswert
t	Zeitindex

2) Parameter

n	Wachstumsrate des Arbeitsangebotes
λ	Effizienzparameter
α	Produktionselastizität des Kapitals
β	Produktionselastizität der Arbeit
γ	Produktionselastizität der Vorleistung
ν, μ	Parameter der CES-Produktionsfunktion
ζ	Substitutionsparameter
b	Substitutionselastizität
σ	Sparquote mit Bezug auf das Volkseinkommen
δ	Sparneigung der jungen Generation

3) Mathematische Symbole

dx	Differential von x
$\dfrac{dx}{dk} = x_k$	erste Ableitung der Funktion x nach k
x_{kk}	zweite Ableitung der Funktion x nach k
$x^*_{kk^*}$	zweimalige Ableitung der Funktion x* nach k*
$\dfrac{da^*}{da}\bigg|_{z=0}$	erste Ableitung der Funktion a* nach a unter der Bedingung z=0
$\dfrac{\partial x}{\partial k} = x_k$	partielle Ableitung der Funktion x nach k
$\varepsilon_{p,k}$	Elastizität von p in bezug auf k
$\dot{k}$	Ableitung von k nach der Zeit
Δ	Differenz, zeitliche Veränderung einer Bestandsgröße
$\lim_{x \to \infty} x(k)$	Grenzwert der Funktion x(k), wenn k gegen unendlich geht
F, f, u	Funktionssymbole
D	Determinante
ln	natürlicher Logarithmus
tg	Tangens

Ausländische Variablen, Parameter und Funktionen sind durch einen Stern gekennzeichnet.

Verzeichnis der Abbildungen

2. Kapitel:

Abb. 1: Investition und Ersparnis im Zwei-Perioden-Modell einer geschlossenen Volkswirtschaft

Abb. 2: Auslandsverschuldung im Zwei-Perioden-Modell einer kleinen offenen Volkswirtschaft

Abb. 3: Konsumtiv verursachte Auslandsverschuldung im Zwei-Länder-Fall

Abb. 4: Investiv verursachte Auslandsverschuldung im Zwei-Länder-Fall

3. Kapitel:

Abb. 5: Steady-State und Dynamik bei identischen Produktionstechnologien - die Darstellung im z,k-Diagramm

Abb. 6: Steady-State und Dynamik bei abweichenden Produktionstechnologien - die Darstellung im a,a*-Diagramm

Abb. 7: Konsumschock im a,a*-Diagramm

Abb. 8: Produktivitätsschock im a,a*-Diagramm

4. Kapitel:

Abb. 9: Bestimmung des Zinssatzes in der geschlossenen Volkswirtschaft

Abb. 10: Zinsbestimmung am Weltkapitalmarkt

Abb. 11: Kreislauf des Modells einer offenen Volkswirtschaft mit überlappenden Generationen

Abb. 12: Reinvermögen und Auslandsposition im Steady-State: Der Fall unterschiedlicher Zeitpräferenzen und gleicher Technologien

Abb. 13: Auslandsposition und inländisches Sachvermögen im Steady-State

Abb. 14: Steady-State und Anpassungspfad nach auftretendem Konsumschock - die Darstellung im a,a*-Diagramm

Abb. 15: Steady-State und Anpassungspfad nach auftretendem Konsumschock - die Darstellung im z,k-Diagramm

Abb. 16: Paradoxe Reaktion der Auslandsposition nach einer Erhöhung der Sparneigung

Abb. 17: Reinvermögen und Auslandsposition im Steady-State: Der Fall unterschiedlicher Zeitpräferenzen und Technologien

Abb. 18: Die zeitliche Entwicklung der Vermögensgrößen und der Auslandsposition

Abb. 19: Steady-State und Anpassungspfad nach auftretendem Konsumschock bei unterschiedlichen Zeitpräferenzen und Technologien - die Darstellung im a,a*-Diagramm

Abb. 20: Steady-State und Anpassungspfad nach auftretendem Produktivitätsschock bei unterschiedlichen Cobb-Douglas-Produktionstechnologien - der Fall $z = 0$ mit $\alpha > \alpha^*$

Abb. 21: Produktivitätsschock bei abweichenden CES-Produktionstechnologien - der Fall, der der Schuldenzyklushypothese entspricht

Abb. 22: Die Zwei-Perioden-Planung im Modell überlappender Generationen

Abb. 23: Das Wachstumsgleichgewicht des Modells mit überlappenden Generationen im Solow-Diagramm

5.Kapitel:

Abb. 24: In- und ausländisches Sachvermögen im Steady-State

Abb. 25: Reinvermögen, Sachvermögen und Auslandsposition im Steady-State - die Darstellung im a,a*-Diagramm

Abb. 26: Terms of Trade und inländisches Sachvermögen im Steady-State

Abb. 27: Die zeitliche Entwicklung der Vermögensgrößen und der Auslandsposition

Abb. 28: Die zeitliche Entwicklung der Terms of Trade und des inländischen Sachvermögens bei negativer Steigung der p(k)-Kurve

Abb. 29: Steady-State und Anpassungspfad nach einem im Inland auftretenden Konsumschock - die Darstellung im a,a*-Diagramm

Abb. 30: Steady-State und Anpassungspfad nach einem im Ausland auftretenden Konsumschock - die Darstellung im a,a*-Diagramm

Abb. 31: Steady-State und Anpassungspfad nach auftretendem Konsumschock - die Darstellung im p,k-Diagramm

Abb. 32: Steady-State und Anpassungspfad nach Auftreten eines Produktivitätsschocks - die Darstellung im a,a*-Diagramm

Abb. 33: Steady-State und Anpassungspfad nach Auftreten eines Produktivitätsschocks im Inland - die Darstellung im p,k-Diagramm bei negativer Steigung der p(k)-Kurve

Abb. 34: Steady-State und Anpassungspfad nach Auftreten eines Produktivitätsschocks im Ausland - die Darstellung im p,k-Diagramm bei negativer Steigung der p(k)-Kurve

1. Einleitung

Internationale Kapitalbewegungen sind eine völlig normale Begleiterscheinung der weltwirtschaftlichen Entwicklung. Ihre Geschichte ist ebenso alt wie die des Außenhandels.[1] Um einem weit verbreiteten Mißverständnis vorzubeugen, sei darauf hingewiesen, daß internationale Kapitalbewegungen mit den Kreditbeziehungen zwischen Ländern zu tun haben und nicht mit dem Im- oder Export von Maschinen zu verwechseln sind. Während letzteres zum Güterhandel zählt, wird unter dem Begriff der internationalen Kapitalbewegungen hingegen jede Veränderung der Forderungen bzw. Verbindlichkeiten gegenüber dem Ausland erfaßt.
Beispiele für einen Kapitalexport sind u.a. der Erwerb ausländischer Wertpapiere oder die Beteiligung von Inländern an ausländischen Unternehmen. Auch dem Ausland gewährte Handelskredite gehören hierzu.
Importiert beispielsweise ein Schuldnerland mehr Kapital als es exportiert, so erhöht sich also seine Auslandsverschuldung.

Einen Schwerpunkt in dieser Arbeit bildet die Frage nach den Bestimmungsgründen der internationalen Kapitalbewegungen. Dabei wird vom kurzfristigen Kapitalverkehr und von der Existenz des Geldes abstrahiert. Diese langfristige Sichtweise betont den Leistungsbilanzsaldo als Ergebnis der intertemporalen Spar- und Investitionsentscheidungen von Haushalten und Unternehmen. Demgegenüber sind es in den statischen Modellen eher die Leistungstransaktionen, die den Saldo der Kapitalbilanz determinieren.
Verschuldet sich ein Land, dann ist für seine weitere Entwicklung sicherlich von großer Bedeutung, ob die Verschuldung auf eine geringere Spartätigkeit seiner Einwohner oder aber auf

---

1) Zahlreiche historische Beispiele findet man in dem Artikel von Wandel (1978) im HdWW.

lohnendere Investitionsmöglichkeiten in diesem Land zurückzuführen ist.

Auch die Schuldenzyklushypothese weist auf den dynamischen Aspekt der internationalen Kapitalbewegungen hin. Sie besagt, daß die Zahlungsbilanz eines Landes, das sich auf dem Weg zu einer hochentwickelten Industrienation befindet, mehrere typische Phasen durchläuft. Über die genaue Anzahl der wesentlichen Entwicklungsstufen herrscht keine einhellige Meinung in der Literatur. Samuelson (1975) unterscheidet beispielsweise vier, Kindleberger (1987) sechs und Halevi (1971) gar zwölf Phasen. Unumstritten ist bei allen Autoren jedoch die Einteilung in eine anfänglich auftretende Schuldnerposition, die von einem Handelsbilanzdefizit begleitet wird, und eine letztendlich folgende Gläubigerposition des Landes mit einem Handelsbilanzdefizit, das durch einen Teil der Erträge zwischenzeitlich getätigter Auslandsinvestitionen finanziert wird.
Als Standardbeispiel dient die Wirtschaftsentwicklung der Vereinigten Staaten von Amerika, die während des neunzehnten Jahrhunderts in großem Umfang Kredite aus Europa in Anspruch nahmen und dann bis weit in das zwanzigste Jahrhundert den Status eines Gläubigerlandes innehatten.

Obgleich der wirtschaftliche Entwicklungsprozeß vieler anderer Staaten, die heute zu den ökonomisch hoch entwickelten Nationen zählen, ebenfalls von umfangreichen Kapitalimporten begleitet wurde, hat nicht nur die Schuldenkrise der achtziger Jahre deutlich gemacht, daß internationale Kapitalbewegungen auch Probleme mit sich bringen können.[1] Die Auslandsverschuldung der Dritten Welt hat ein beträchtliches Ausmaß angenommen. Bei der Entwicklung der Volkseinkommen ist kein Aufholen gegenüber den Industrienationen zu erken-

---

1) Beispiele internationaler Schuldenkrisen der Vergangenheit beschreibt Born (1986).

nen. In zahlreichen entwicklungstheoretischen Analysen wird behauptet, daß die bestehende internationale Arbeitsteilung gerade die ärmeren Länder benachteiligt.[1] Als Ursache wird gemäß der Prebisch-Singer-These eine systematische Veränderung der Terms of Trade zulasten der Entwicklungsländer angesehen. Die modelltheoretische Überprüfung dieser These bildet einen weiteren wesentlichen Untersuchungsgegenstand in der vorliegenden Arbeit.

Wirtschaftstheoretische Modelle lassen sich nach ihrer Zielsetzung in zwei Klassen einteilen, in die positiven und die normativen Modellansätze. Normative Analysen unterstellen die Existenz eines gesamtwirtschaftlichen Wohlfahrtsfunktionals, das es zu maximieren gilt. Führt das Zusammenwirken der individuellen Entscheidungen der Wirtschaftssubjekte nicht zur Realisierung des gesamtwirtschaftlichen Optimums, dann fällt i.a. dem Staat die Aufgabe zu, dieses Optimum durch geeignete wirtschaftspolitische Maßnahmen zu erreichen. Die vorliegende Arbeit abstrahiert von staatlichen Aktivitäten und beschränkt sich im Sinne einer positiven Ökonomik auf die Erklärung der langfristigen Wirtschaftsentwicklung.

Die Analyse erfolgt im Rahmen eines Modells mit überlappenden Generationen. In der Diamond-Variante dieses Ansatzes bilden Haushalte, die ihren Lebenszeitnutzen optimieren, und ertragswertmaximierende Unternehmen die Grundlage der intertemporalen Spar- und Investitionsentscheidungen. Der Lebenszyklus der Haushalte umfaßt ebenso wie der Planungshorizont der Unternehmen zwei Zeitabschnitte. Daher erscheint es mir sinnvoll, im 2. Kapitel - als Vorstufe zum Modell überlappender Generationen - zunächst auf das bekannte Zwei-Perioden-Modell und dessen Erweiterung auf eine

---

1) Eine sehr bekannte Arbeit auf diesem Gebiet ist die von Emmanuel (1972).

offene Volkswirtschaft einzugehen. Hier wird gezeigt, daß eine verhältnismäßig hohe Zeitpräferenzrate der Einwohner eines Landes und/oder gute Investitionsmöglichkeiten in diesem Land zur Auslandsverschuldung führen.

Das Modell überlappender Generationen bringt die Entscheidungsstruktur des Zwei-Perioden-Modells in einen wachstumstheoretischen Zusammenhang. Daher beschäftigt sich das 3. Kapitel mit dem Standardmodell der neoklassischen Wachstumstheorie, dem Solow-Modell. In einer Zwei-Länder-Ein-Sektor-Version dieses Ansatzes werden die langfristigen Determinanten der Auslandsverschuldung bestimmt. Insbesondere wird der Anpassungspfad zum Steady-State nach Änderungen im Sparverhalten und auftretenden Produktivitätsschocks untersucht. Die Entwicklung der Auslandsverschuldung kann hierbei unter bestimmten Annahmen dem in der Schuldenzyklushypothese beschriebenen Verlauf folgen.

Die gleiche Fragestellung behandelt u.a. auch das 4. Kapitel, allerdings in einem Zwei-Länder-Modell mit überlappenden Generationen. Wie in den beiden vorangegangenen Kapiteln wird vereinfachend unterstellt, daß In- und Ausland ein identisches, sowohl konsumtiv als auch investiv nutzbares Gut produzieren. Es zeigt sich, daß die unter Verwendung dieses Ansatzes abgeleiteten Ergebnisse durchaus mit denen des Zwei-Länder-Solow-Modells vergleichbar sind.

Im 5. Kapitel wird die Ein-Gut-Annahme aufgehoben, da eine Untersuchung der Terms of Trade die Existenz von mindestens zwei Gütern erfordert. Es wird ein einfaches Nord-Süd-Modell konstruiert, in dem der Süden vollständig auf die Herstellung einer im Norden benötigten Vorleistung spezialisiert ist. Wiederum bilden Änderungen im Sparverhalten und auftretende Produktivitätsschocks die Grundlage für eine Analyse der zeitlichen Entwicklung der Auslandsverschuldung, der Terms of Trade und der Volkseinkommen im Norden und im Süden. Die unterstellte Form der internationalen Arbeitsteilung kann dazu führen, daß die wirtschaftliche Entwicklung dem in der Prebisch-Singer-These beschriebenen Verlauf folgt.

Eine Zusammenfassung der Ergebnisse und einige abschließende Bemerkungen bilden dann den Gegenstand des 6. Kapitels.

2. Konsumtiv und investiv verursachte Auslandsverschuldung im Zwei-Perioden-Modell

Das auf Fisher (1930) zurückgehende Zwei-Perioden-Modell dient in zahlreichen mikroökonomischen Lehrbüchern zur Darstellung intertemporaler Zusammenhänge in der geschlossenen Volkswirtschaft. Überraschend selten erfolgte eine Anwendung dieses Modelltyps auf außenwirtschaftliche Fragestellungen. Erst die theoretische Aufbereitung der Ölkrise wurde zum Auslöser einer Reihe von Veröffentlichungen mit Zwei-Perioden-Ansätzen in der offenen Volkswirtschaft. Zu nennen sind hier insbesondere die Arbeiten von Sachs (1981), Svensson (1984), Marion/Svensson (1984) und Svensson/Razin (1983), die die Folgen des Ölpreisschocks bzw. einer Änderung der Terms of Trade analysieren. Razin (1984) betrachtet die Auswirkungen unterschiedlicher Staatsaktivitäten. Bei Murphy (1986) bilden Produktivitätsschocks den Gegenstand der Untersuchung.

Das in diesem Abschnitt folgende Zwei-Perioden-Modell orientiert sich an den Darstellungen bei Frenkel/Razin (1987) sowie Krugman/Obstfeld (1988), beschränkt sich aber im Gegensatz zu diesen Arbeiten nicht auf eine kleine offene Volkswirtschaft. Herausgearbeitet werden soll ein wesentlicher Aspekt internationaler Kapitalbewegungen, der Unterschied zwischen konsumtiv und investiv verursachter Auslandsverschuldung.

2.1 Das Modell einer geschlossenen Volkswirtschaft

Als Ausgangspunkt betrachten wir zunächst ein Land ohne außenwirtschaftliche Beziehungen. Der Output in der Gegenwart X_0, der in einer geschlossenen Volkswirtschaft mit dem Sozialprodukt bzw. Volkseinkommen des Landes übereinstimmt,

sei gegeben. Er kann sowohl konsumtiv als auch investiv genutzt werden.
Die Produktion des Outputs in der Zukunft erfordert Investitionen in der Gegenwart. Je mehr vom heute zur Verfügung stehenden Einkommen gespart und zu investiven Zwecken verwendet wird, umso geringer ist die Anzahl an gegenwärtigen Konsumeinheiten. Dafür ist das zukünftige Einkommen umso größer.
Mit steigenden Investitionen sinkt der Zuwachs an morgigem Output. In der Gegenwart investierte Gütereinheiten können in der Zukunft nicht mehr konsumiert werden.

$$X_1 = F(I_0) \quad \text{mit} \quad \frac{dX_1}{dI_0} > 0, \quad \frac{d^2X_1}{dI_0^2} < 0.$$

Graphisch kommen diese Zusammenhänge in Abb. 1 durch den konkaven Verlauf der intertemporalen Transformationskurve PP' zum Ausdruck. Der Achsenabschnitt OP beschreibt den Gegenwartsoutput X_0. Werden beispielsweise OA Einheiten in der ersten Periode konsumiert und AP Einheiten investiert, beträgt der Output in der zweiten Periode OA'. Da in der Zukunft keine Investitionen stattfinden, wird dieser Output rein konsumtiv genutzt.
Die Gesellschaft, beschrieben durch einen repräsentativen Haushalt, steht nun vor dem Problem, den Nutzen aus Gegenwarts- und Zukunftskonsum zu maximieren. Die Präferenzen aller Wirtschaftssubjekte des Landes werden in Abb. 1 durch die Schar konvex verlaufender Indifferenzkurven erfaßt. Eine Indifferenzkurve gibt die Kombinationen von Gegenwarts- und Zukunftskonsum an, die dem repräsentativen Haushalt den gleichen Nutzen stiften. Ihre Steigung entspricht in jedem Punkt der Anzahl zukünftiger Konsumeinheiten, die erforderlich sind, den Verlust einer heutigen Konsumeinheit zu kompensieren.

Abb. 1: Investition und Ersparnis im Zwei-Perioden-Modell einer geschlossenen Volkswirtschaft

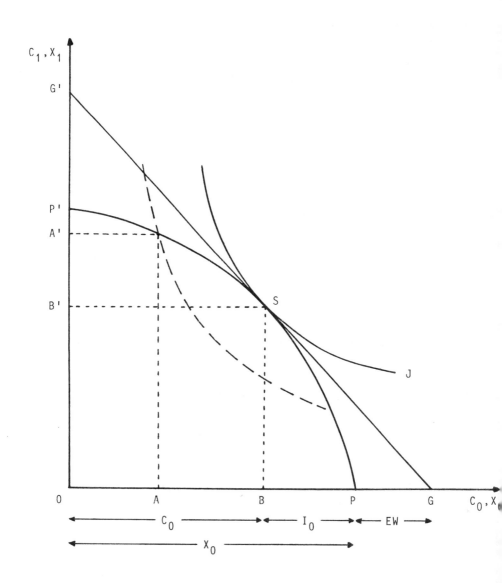

Die Unternehmer maximieren den Ertragswert des Unternehmens, d.h. den Gegenwartswert der summierten Periodengewinne. Da über die Produktion in der ersten Periode keine Entscheidung mehr zu treffen ist, besteht ihre Aufgabe nur noch in der Maximierung des abdiskontierten zukünftigen Outputs abzüglich der heute zu tätigenden Investitionen.

$$EW = -I_0 + \frac{F(I_0)}{1+r_1} \rightarrow max$$

Im Punkt S, wo eine der Indifferenzkurven die Transformationskurve tangiert, wird sowohl der Unternehmensertrag als auch der gesellschaftliche Nutzen optimiert. Die Steigung der gemeinsamen Tangente beträgt $-(1+r_1)$ und spiegelt den gleichgewichtigen Zinssatz dieser autarken Volkswirtschaft wider.[1] Der Verzicht auf den Konsum einer gegenwärtigen Gütereinheit bringt morgen $(1+r_1)$ zu konsumierende Outputeinheiten. Der Relativpreis einer zukünftigen Outputeinheit beträgt folglich $1/(1+r_1)$ heutige Outputeinheiten. Der oben definierte Unternehmensertragswert EW erscheint in Abb. 1 als Streckenabschnitt PG, der Gegenwartswert des gesellschaftlichen Lebenszeiteinkommens als Abschnitt OG.

2.2 Die Erweiterung auf eine kleine offene Volkswirtschaft

Nehmen wir an, das Land hat neben den beschriebenen produktiven Investitionsmöglichkeiten außerdem noch die Möglichkeiten, sich bei gegebenem Weltmarktzins r_1^* zu verschulden oder Kredite zu gewähren. Verzichtet es heute auf den Konsum einer Gütereinheit und verleiht diese, erhält es morgen dafür $1+r_1^*$ Gütereinheiten. Verschuldet das Land sich in der Gegenwart, dann muß es in der Zukunft diese Schulden plus Zinsen zurückzahlen.

---

1) Fisher umschreibt die Bestimmung des Zinssatzes treffend mit dem Titel seines Buches "The Theory of Interest as Determined by Impatience to Spend Income and Opportunity to Invest it".

Bei gegebenem Weltmarktzins und gegebener Transformationskurve maximieren die Unternehmer den Ertragswert, wenn sie im Punkt Q produzieren, wo eine der Geraden mit der Steigung $-(1+r_1^*)$ die Transformationskurve tangiert. Folglich werden in der ersten Periode Investitionen in Höhe von BP getätigt, und der Output der zweiten Periode beträgt OB'.
Die Weltmarktzinsgerade GG' beschreibt Kombinationen von heute und morgen konsumierbaren Outputeinheiten mit gleichem Gegenwartswert. Dieser erscheint in Abb. 2 als Streckenabschnitt OG und entspricht dem Lebenszeiteinkommen der Gesellschaft. Es können also höchstens die Kombinationen von Gegenwarts- und Zukunftskonsum realisiert werden, die auf der Geraden GG' liegen. Der gesellschaftliche Nutzen wird im Punkt S maximal, wo eine der Indifferenzkurven die Gerade GG' tangiert. Der optimale Gegenwartskonsum beträgt folglich OA, der entsprechende Zukunftskonsum OA' Einheiten.
In Abb. 2 ist der Fall dargestellt, daß das Land sich in der ersten Periode verschuldet. Die Summe aus Konsum OA und Investition BP übersteigt den Output OP. Die Differenz BA wird durch Auslandskredite finanziert und führt zu einem Handels- bzw. Leistungsbilanzdefizit[1] in der ersten Periode.
In der zweiten Periode wird nicht investiert. Es ergibt sich eine positive Differenz zwischen Output OB' und Zukunftskonsum OA' in Höhe von A'B', die den zu tilgenden Schulden aus der ersten Periode und den auf diese Schulden zu leistenden Zinszahlungen entspricht.

2.3 Die Zwei-Länder-Betrachtung

Betrachten wir nun eine aus zwei Ländern bestehende Weltwirtschaft, in der beide Länder das gleiche Gut produzieren. In- und Ausland können sich sowohl in ihren Produktionsmöglich-

---

[1] Handels- und Leistungsbilanz stimmen überein, weil in der ersten Periode weder Zinsen zu zahlen sind noch Zinseinnahmen für das kleine Land anfallen.

Abb. 2: Auslandsverschuldung im Zwei-Perioden Modell einer
kleinen offenen Volkswirtschaft
Fall: Entstehung einer Schuldnerposition

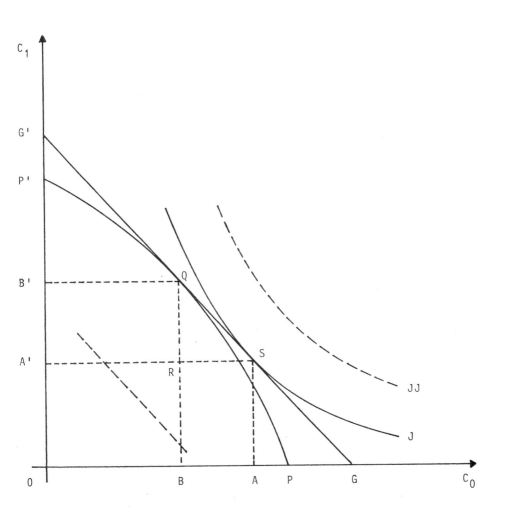

keiten als auch in der Höhe ihrer Zeitpräferenzraten unterscheiden. Wir wollen uns zunächst auf den Fall identischer Transformationskurven beschränken, der in Abb. 3 graphisch dargestellt ist.
Das Inland mit der Indifferenzkurvenschar J bzw. JJ bewertet zukünftigen Konsum im Verhältnis zum gegenwärtigen geringer als das Ausland mit der Indifferenzkurvenschar J* bzw. JJ*. Die Zeitpräferenz des Inlandes ist also größer als die des Auslandes.
Bei Autarkie, d.h. in Abwesenheit internationaler Kapitalbewegungen, produziert und konsumiert das Inland entsprechend Punkt T, das Ausland gemäß Punkt T*. Die Investitionstätigkeit im Inland fällt dann geringer als im Ausland aus. Der Autarkiezins des Inlandes ist größer als der des Auslandes.
Bei perfekter Kapitalmobilität ergibt sich dagegen ein einheitlicher Weltmarktzins, und beide Länder investieren in gleicher Höhe.
Nehmen wir an, daß aufgrund des sich ergebenden Weltmarktzinses eine Produktion im Punkt Q optimal sei, dann erscheinen in- und ausländische Investitionen als Abschnitt BP. Sowohl in- als auch ausländischer Konsumpunkt müssen auf der durch den gemeinsamen Produktionspunkt Q gehenden Tangente liegen. Der gesellschaftliche Nutzen des Inlandes wird folglich maximal im Punkt S, der des Auslandes im Punkt S*. Das Inland verschuldet sich aufgrund seiner höheren Zeitpräferenz in der ersten Periode in Höhe von RS und zahlt diese Schulden plus Zinsen in der zweiten Periode zurück (RQ). Das Ausland vergibt dementsprechend in der Gegenwart Kredite an das Inland (R*Q) und erhält dafür in der Zukunft R*S* Gütereinheiten.
Der Kapitalmarkt ist im Gleichgewicht, wenn der inländischen Schuldnerposition in der ersten Periode eine gleich große

Abb. 3: Konsumtiv verursachte Auslandsverschuldung im
Zwei-Länder-Fall

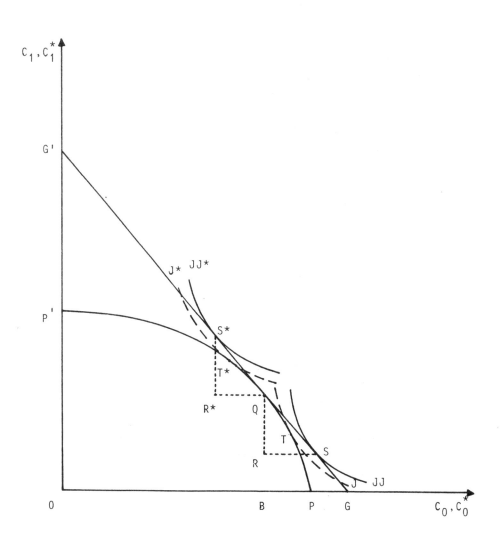

Gläubigerposition des Auslandes entspricht, d.h. RS = R*Q gilt, wodurch der einheitliche Weltmarktzins bestimmt wird.

Im Gegensatz zu dem soeben betrachteten Fall unterschiedlicher Zeitpräferenzraten bei gleicher intertemporaler Produktionstechnik seien nun identische Indifferenzkurvensysteme in beiden Ländern angenommen. Stattdessen weichen die Transformationskurven im In- und Ausland voneinander ab. Beide Länder verfügen zwar über eine identische Ausstattung in der ersten Periode, jedoch sei der Grenzertrag der Investition - bei gleichem Investitionsvolumen - im Inland größer als im Ausland.
Die Tangentialpunkte T und T* in Abb. 4 beschreiben Produktion und Konsum im In- und Ausland bei Autarkie. Der sich ergebende inländische Autarkiezinssatz ist größer als der des Auslandes.
Bei perfekter Kapitalmobilität gleichen sich die Zinssätze an. Für die inländischen Unternehmen ist dann eine Produktion gemäß Punkt Q optimal. Hier tangiert die Gerade, die das Austauschverhältnis von Gegenwarts- und Zukunftskonsum widerspiegelt, die inländische Transformationskurve. Entsprechend wird der ausländische Unternehmensertragswert bei einer Produktion im Punkt Q* maximiert.
Die optimale intertemporale Allokation des Konsums des Inlandes erscheint im Punkt S, die des Auslandes im Punkt S*. Obwohl Konsum- und Produktionspunkt im In- und Ausland auseinanderfallen, kommt ein Gleichgewicht aufgrund der internationalen Kapitalbewegungen zustande, und zwar dann, wenn das Inland in gleicher Höhe Kredite nachfragt wie das Ausland anbietet. Der Weltmarktzins wird sich solange ändern, bis - wie in Abb. 4 dargestellt - RS = R*Q* und somit RQ = R*S* gilt.
Trotz identischer Zeitpräferenzraten ergibt sich allein aufgrund der besseren Investitionsmöglichkeiten im Inland eine

Abb. 4: Investiv verursachte Auslandsverschuldung im Zwei-Länder-Fall

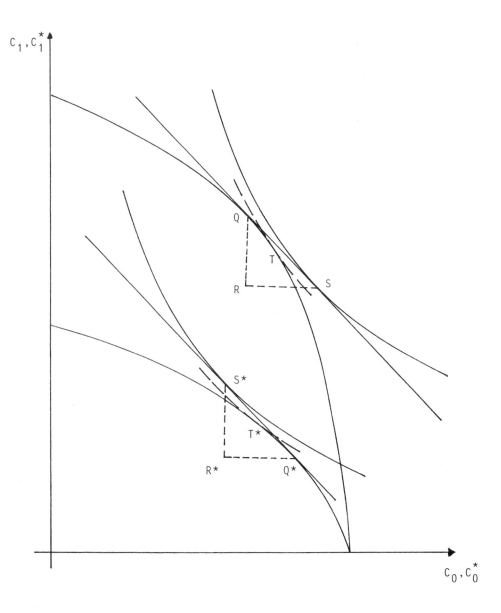

inländische Schuldnerposition in der ersten Periode in Höhe von RS. Demgegenüber weist das Ausland eine Gläubigerposition auf. In der zweiten Periode zahlt das Inland diese Schulden plus Zinsen zurück.

Realistischerweise werden natürlich sowohl Transformationskurven als auch Indifferenzkurvensysteme beider Länder voneinander abweichen. So kann z.B. der Fall auftreten, daß ein Land trotz besserer Investitionsmöglichkeiten zum Gläubigerland wird, weil es eine entsprechend geringere Präferenz für Gegenwartskonsum als das andere Land aufweist. Auf jeden Fall sorgen aber die stattfindenden internationalen Kapitalbewegungen dafür, einen Zustand zu verwirklichen, der dem bei Autarkie vorzuziehen ist, was in den Abbildungen 3 und 4 anhand der weiter vom Ursprung entfernt liegenden Indifferenzkurven zu erkennen ist.

Obwohl Leistungsbilanzsalden als Ergebnis eines Optimierungsansatzes erklärt werden, besteht - wenn überhaupt - ein Nachteil der Zwei-Perioden-Analyse darin, daß der längerfristigen Dynamik zu wenig Platz eingeräumt wird. Dem Leistungsbilanzdefizit eines Landes in der ersten Periode folgt zwangsläufig ein Leistungsbilanzüberschuß in der zweiten Periode. Hier liegen die Vorteile des Modells mit überlappenden Generationen bzw. des Solow-Modells, die der Dynamik mehr Spielraum lassen.[1]

---

1) Modellansätze mit unendlichem Zeithorizont, die in der vorliegenden Arbeit nicht behandelt werden, tragen diesem Umstand ebenfalls Rechnung. Stellvertretend für die vielen Veröffentlichungen seien hier die Arbeiten von Hamada (1969), Bazdarich (1978) und Obstfeld (1982) genannt.

3 Auslandsverschuldung im Grundmodell der neoklassischen Wachstumstheorie

Die neoklassische Wachstumstheorie war lange Zeit die Theorie einer geschlossenen Volkswirtschaft. Die Verbindung mit der Außenwirtschaftstheorie begann so richtig erst mit den Veröffentlichungen von Oniki/Uzawa (1965) und Bardhan (1965). Ihre Analyse konzentriert sich im wesentlichen auf die Beantwortung der Fragen nach der Existenz, der Eindeutigkeit und der Stabilität des Wachstumsgleichgewichts einer offenen Volkswirtschaft. Internationale Kapitalbewegungen bleiben in ihren Arbeiten allerdings unberücksichtigt, weil die Leistungsbilanz qua Annahme ausgeglichen ist.

Sicherlich als einer der ersten geht Hamada (1966) auf diesen Aspekt näher ein. Er verzichtet auf die bei Oniki/Uzawa sowie Bardhan vorgenommene Unterteilung in Konsumgut- und Investitionsgutsektor und betrachtet stattdessen zwei Länder, die ein identisches Gut, konsumtiv und investiv nutzbar, produzieren. Das Auftreten internationaler Kapitalbewegungen wird auf Unterschiede im Sparverhalten der beiden Länder zurückgeführt.

Bekannterweise treten Kapitalbewegungen aber auch bei gleich großer Spartätigkeit im In- und Ausland auf. Dies ist dann der Fall, wenn die Investitionen in einem Land höher als im anderen Land ausfallen.
Die bedeutende Rolle der Investitionen betonen Neher (1970), Fischer/Frenkel sowie Onitsuka in einer Reihe von Arbeiten. Neher analysiert explizit nur das Wachstumsgleichgewicht. Hingegen steht bei Fischer/Frenkel und Onitsuka der Anpassungsprozeß im Mittelpunkt des Interesses, wobei jedoch - mit Ausnahme von Fischer/Frenkel (1974,1) - ausschließlich eine kleine offene Volkswirtschaft betrachtet wird.

Ruffin (1979) erweitert das Modell von Hamada, indem er unterschiedliche Produktionstechnologien zuläßt. Hierdurch ebnet er den Weg für die Analyse sowohl konsumtiv als auch investiv verursachter Kapitalbewegungen innerhalb eines Zwei-Länder-Modells.

Dieses Kapitel greift auf die erwähnten Arbeiten von Hamada und Ruffin zurück. Es beschränkt sich aber nicht auf eine reine Darstellung ihrer Modellansätze, sondern bringt zusätzlich einige Korrekturen und Ergänzungen. So wird eine bei Ruffin fehlende fundamentale Bedingung abgeleitet, die Aussagen darüber erlaubt, wann ein Land langfristig Gläubiger- und wann es Schuldnerland ist.
Weiterhin werden Anpassungspfade und neues Wachstumsgleichgewicht nach auftretenden Konsum- und Produktivitätsschocks analysiert. Hierbei steht die Beantwortung der Fragen im Mittelpunkt, ob und wann die Entwicklung der Auslandsverschuldung gemäß dem in der Schuldenzyklushypothese beschriebenen Verlauf folgt.

3.1 Das neoklassische Wachstumsmodell einer geschlossenen Volkswirtschaft (Solow-Modell)

Das Grundmodell der neoklassischen Wachstumstheorie geht im wesentlichen auf die gleichzeitig erschienenen Arbeiten von Solow (1956) und Swan (1956) zurück.

Mit Hilfe der Faktoren Arbeit und Kapital wird ein Gut produziert, das sowohl konsumtiv als auch investiv genutzt werden kann.
Die Produktionsmöglichkeiten werden durch eine Produktionsfunktion

(1) $\quad X = \lambda F(K,L)$

beschrieben, in der X den Output, K den Kapitalstock, L die eingesetzte Menge an Arbeit und λ den exogen gegebenen Effizienzparameter bezeichnet.
Die Produktionsfunktion wird als linear-homogen angenommen und läßt sich daher auch in der bekannten Pro-Kopf-Form

(2) $\quad x = \lambda f(k) = x(k)$

mit x als Pro-Kopf-Output und k als Kapitalintensität schreiben. Sie weist positive, aber abnehmende Grenzprodukte auf.

(3) $\quad x_k(k) > 0, \; x_{kk}(k) < 0$

Das Arbeitsangebot L wächst exponentiell mit der konstanten, exogen gegebenen Rate n.

(4) $\quad \dfrac{\dot{L}}{L} = n$

Es stimmt stets mit der Arbeitsnachfrage überein, da das lohnunelastische Arbeitsangebot bei vollständiger Konkurrenz auf dem Arbeitsmarkt, völlig flexiblem Reallohn und gewinnmaximierendem Unternehmerverhalten vollbeschäftigt eingesetzt wird.

Die Faktoren werden gemäß ihrer Grenzproduktivität entlohnt.

(5) $\quad \frac{\partial X}{\partial K} = x_k(k) = r$

(6) $\quad \frac{\partial X}{\partial L} = x(k) - x_k(k) k = w$

Aufgrund der unterstellten linearen Homogenität der Produktionsfunktion wird der Output bzw. das Sozialprodukt vollständig auf beide Faktoren verteilt.

(7) $\quad X = wL + rK$

Die neoklassische Wachstumstheorie à la Solow und Swan ist nicht den Weg einer intertemporalen Fundierung der Sparentscheidung gegangen, wie sie beispielsweise im Zwei-Perioden-Modell anzutreffen ist, sondern unterstellt, daß zu jeder Zeit ein konstanter Teil des Einkommens konsumiert wird. Der Rest bildet die Ersparnis, die dem bestehenden Kapitalstock als Investition zugeschlagen wird.

(8) $\quad I = \dot{K} = \sigma X = S$

Der Ausgleich von Investition und Ersparnis erfolgt über den flexiblen Zinssatz. Die geplante Investition ist als Differenz zwischen dem geplanten optimalen und dem bestehenden Kapitalstock definiert. Der optimale Kapitalstock ist dann realisiert, wenn die Grenzproduktivität des eingesetzten

Kapitals gleich dem Zinssatz ist. Ein beispielsweise zu
niedriger Zinssatz bewirkt eine Überschußnachfrage auf dem
Kapitalmarkt, welche so lange einen Zinsanstieg induziert, bis geplante Investition und Ersparnis übereinstimmen. Dann ist
simultan auch ein Gleichgewicht auf dem Gütermarkt gegeben.

Die Wachstumsdynamik kann anhand einer einzigen Variablen,
der Kapitalintensität k, beschrieben werden. Bei zu Beginn
einer Periode gegebenen Einsatzmengen an Kapital und Arbeit
bestimmt die Produktionsfunktion den zugehörigen Output,
der vollständig auf die Faktoren als Einkommen verteilt
wird. Der konstante Teil σ dieses Einkommens wird gespart
und investiert, was den Kapitalstock in der nächsten Periode
bestimmt. Durch die exogen gegebene Entwicklung des Faktors
Arbeit läßt sich auf den Output in der nächsten Periode
schließen usw.
Formal erhält man diesen Zusammenhang durch logarithmische
Differentiation der Kapitalintensität nach der Zeit.

(9) $\quad \dfrac{\dot{k}}{k} = \dfrac{\dot{K}}{K} - \dfrac{\dot{L}}{L}$

Unter Berücksichtigung von (4) und (8) folgt die zentrale
Bewegungsgleichung der neoklassischen Wachstumstheorie, die
den Zeitpfad der Kapitalintensität bestimmt.

(10) $\quad \dot{k} = \sigma x(k) - nk$

Im Steady-State gilt $\dot{k} = 0$, und Kapitalstock, Arbeitseinsatz sowie Sozialprodukt wachsen mit der konstanten Rate
n des Arbeitsangebotes.

Weist die Produktionsfunktion neben (3) noch die Eigenschaften

(11)
$$x(0) = 0 \quad x(\infty) = \infty$$
$$x_k(0) = \infty \quad x_k(\infty) = 0$$

auf, bezeichnet man sie auch als "well behaved", und Existenz, Eindeutigkeit und Stabilität des Wachstumsgleichgewichts sind gewährleistet.[1]

---

1) Der Beweis findet sich bei Inada (1963).

3.2 Das neoklassische Zwei-Länder-Wachstumsmodell

Die Weltwirtschaft besteht aus zwei Ländern, dem Inland und dem Ausland. Für inländische Größen gilt die Notation aus dem vorherigen Abschnitt. Ausländische Variable bzw. Parameter werden durch einen Stern gekennzeichnet.

Beide Länder stellen mithilfe der Faktoren Arbeit und Kapital ein identisches Gut her, konsumtiv sowie investiv nutzbar, wobei unterschiedliche Technologien zugelassen seien. Die Produktionsfunktionen des In- und Auslandes weisen die im vorherigen Abschnitt unterstellten Eigenschaften auf, werden also als "well-behaved" vorausgesetzt und lassen sich in der bekannten Pro-Kopf-Form schreiben.

(12) $\quad x = \frac{X}{L} = \lambda f(k) = x(k)$

(13) $\quad x^* = \frac{X^*}{L^*} = \lambda^* f^*(k^*) = x^*(k^*)$

Der Einfachheit halber seien gleich große Arbeitsausstattungen in beiden Ländern angenommen, die zudem mit der gemeinsamen Rate n wachsen.[1]

(14) $\quad L = L^*$

(15) $\quad n = n^*$

---

[1] Eine Berücksichtigung unterschiedlich großer Arbeitsausstattungen ist unproblematisch, bringt aber keine wesentlichen zusätzlichen Erkenntnisse. Ist dagegen die Wachstumsrate in einem Land größer als im anderen, sinkt die Bedeutung des Landes mit der niedrigeren Wachstumsrate ständig. Als Annäherung könnte eine kleine offene Volkswirtschaft bzw. für das Land mit der größeren Wachstumsrate das Modell einer geschlossenen Volkswirtschaft betrachtet werden. Der Fall unterschiedlich großer Wachstumsraten wird beispielsweise von Hamada (1966) und - in einem etwas anderen Modellrahmen - von Khang (1971) analysiert.

Während der Faktor Arbeit als international völlig immobil unterstellt sei, gelte hingegen für den Faktor Kapital perfekte Mobilität.[1] Dies stellt insofern eine Annäherung an die Realität dar, da Arbeit i.a. eine geringere Mobilität als Kapital aufweist.[2] Aufgrund der vollkommenen Kapitalmobilität ergibt sich ein einheitlicher Weltmarktzins.

(16) $\quad r = r^*$

Die gewinnmaximierenden Unternehmer realisieren bei gegebenem Arbeitseinsatz den optimalen Kapitalstock, wenn sie Kapital nachfragen, bis die Grenzproduktivität des Kapitals dem Zinssatz entspricht. Aus dem Investitionsverhalten folgt daher die Übereinstimmung der Kapitalgrenzproduktivitäten beider Länder mit dem einheitlichen Weltmarktzins.

(17) $\quad x_k(k) = x^*_{k^*}(k^*) = r$

Anders als im Modell der geschlossenen Volkswirtschaft können sich nun Unterschiede zwischen dem Reinvermögen der Inländer und dem Sachvermögen des Inlandes, d.h. dem im Inland eingesetzten Kapitalstock, ergeben. Diese Differenz wird als (Netto-)Auslandsposition bezeichnet. In Pro-Kopf-Form gilt:

(18) $\quad z = a - k$

---

[1] Einen Überblick über die bei Einbeziehung von internationaler Arbeitsmobilität auftretenden Probleme erhält man anhand der Arbeiten von Calvo/Wellisz (1983) und Bhagwati/Srinivasan (1983). Ein in Anbetracht der möglichen Schwierigkeiten verblüffend einfaches Wachstumsmodell mit internationaler Mobilität von Arbeit und Kapital findet sich bei Carlberg (1984).

[2] Eine empirische Überprüfung der Annahme perfekter internationaler Kapitalmobilität ist Gegenstand der Arbeit von Feldstein/Horioka (1980).

Entsprechend ergibt sich eine Differenz zwischen dem Reinvermögen der Ausländer und dem im Ausland installierten Kapitalstock.

(19) $z^* = a^* - k^*$

Übersteigt z.b. das Vermögen der Inländer den inländischen Kapitalstock, dann bedeutet dies, daß die Inländer Teile ihres Vermögens in Form von Besitztiteln am ausländischen Kapitalstock halten, der einzigen zu Besitztiteln am inländischen Kapitalstock alternativen Anlagemöglichkeit. Das Inland ist dann Gläubigerland. In einer aus zwei Ländern bestehenden Volkswirtschaft muß dieser positiven inländischen Auslandsposition natürlich eine negative Auslandsposition des Auslands in gleicher Höhe gegenüberstehen.

(20) $z = -z^*$

Bei gegebenem Pro-Kopf-Vermögen der In- und Ausländer wird die Höhe der Auslandsposition über den Ausgleich der Kapitalgrenzproduktivitäten bestimmt. Selbstverständlich kann z hierbei auch negative Werte annehmen. Das Inland ist dann Schuldnerland.[1]

Im Falle einer positiven Auslandsposition beziehen die Inländer Zinseinkommen aus dem Ausland. Folglich stimmen im Modell der offenen Volkswirtschaft Volkseinkommen und Inlandsprodukt nicht mehr notwendigerweise überein.

(21) $y = x(k) + rz$

---

[1] Die Möglichkeit eines mit dem Kapitalverkehr einhergehenden Technologietransfers ist Gegenstand der Arbeit von Koizumi und Kopecky (1977), soll hier aber nicht betrachtet werden.

Da das Ausland dementsprechend Zinszahlungen pro Kopf in Höhe von rz an Inländer zu leisten hat, beträgt das Pro-Kopf-Volkseinkommen der Ausländer[1]

(22) $y^* = x^*(k^*) - rz$.

In beiden Ländern wird ein konstanter Teil des Volkseinkommens als Ersparnis dem Vermögen zugeschlagen, wobei sich die Länder in der Höhe ihrer Sparquote unterscheiden können.

(23) $s = \frac{S}{L} = \frac{\dot{A}}{L} = \sigma y$

(24) $s^* = \frac{S^*}{L} = \frac{\dot{A}^*}{L} = \sigma^* y^*$

Der Weltkapitalmarkt ist im Gleichgewicht, wenn die Summe aus in- und ausländischer Ersparnis gleich der Weltinvestition ist.

(25) $S + S^* = \dot{K} + \dot{K}^*$

Da die Ersparnis in beiden Ländern als konstanter Anteil des jeweiligen Volkseinkommens unterstellt wird, muß der Ausgleich von Weltersparnis und Weltinvestition über die zinsabhängige Investitionsnachfrage erfolgen. Es läßt sich zeigen, daß dann - gemäß dem Gesetz von Walras - auch der Weltgütermarkt im Gleichgewicht ist.

---

[1] Perfekte internationale Kapitalmobilität führt i.a. nicht zu einer optimalen Auslandsposition des Gläubigerlandes, wobei "optimal" im Sinne von maximalem Volkseinkommen des Kapital exportierenden Landes zu verstehen ist. Dies wurde in einer statischen Analyse von MacDougall (1960) sowie Kemp (1962) und in einem wachstumstheoretischen Kontext von Negishi (1965) gezeigt. Allerdings wird bei perfekter Kapitalmobilität die Summe der Volkseinkommen beider Länder maximal.

3.3 Das Zwei-Länder-Modell bei identischen Produktionstechnologien

Zum besseren Verständnis sei zunächst von dem Fall ausgegangen, daß sich die Länder ausschließlich in ihrem Sparverhalten unterscheiden. Bei nunmehr identischen Produktionsfunktionen

(26) $\quad x(.) = x^*(.)$

folgt aus dem Ausgleich der Kapitalgrenzproduktivitäten (17) die Übereinstimmung der Kapitalintensitäten und somit - bei gleicher Arbeitsausstattung - auch die Übereinstimmung der Kapitalstöcke im In- und Ausland zu jeder Zeit.

(27) $\quad k = k^*$

$\quad\quad\;\; \dot{k} = \dot{k}^*$

Aus der Weltkapitalmarktgleichgewichtsbedingung (25) erhält man - übergehend zu Pro-Kopf-Größen - unter Berücksichtigung von (21) - (24) und (27) nach einigen Umformungen eine Differentialgleichung, die die Entwicklung der Kapitalintensität in Abhängigkeit von den Zustandsvariablen k und z beschreibt.

(28) $\quad \dot{k} = \dfrac{\sigma+\sigma^*}{2} x(k) + \dfrac{\sigma-\sigma^*}{2} rz - nk$

Übersteigt die inländische Ersparnis die Investitionen im Inland, wird der überschüssige Teil im Ausland angelegt. Für die Entwicklung der Auslandsposition gilt daher

(29) $\quad \dot{Z} = \dot{A} - \dot{K}$

Wiederum übergehend zu Pro-Kopf-Größen und unter Benutzung

von (23) folgt aus (29)

(30) $\dot{z} + nz = \sigma y - (\dot{k} + nk)$.

Ersetzt man $\dot{k}$ gemäß Gleichung (28) und y gemäß Gleichung (21), erhält man nach einigen Umformungen eine weitere Differentialgleichung, die die Entwicklung der Auslandsposition wiederum in Abhängigkeit von k und z angibt.

(31) $\dot{z} = \frac{\sigma-\sigma^*}{2} x(k) + (\frac{\sigma+\sigma^*}{2} r - n)z$

Im Gegensatz zum Modell der geschlossenen Volkswirtschaft lassen sich nun die zeitlichen Abläufe nicht mehr nur anhand einer Differentialgleichung wiedergeben. Die Gleichungen (28) und (31) bilden ein simultanes Differentialgleichungssystem, das die zeitliche Entwicklung der Modellvariablen erfaßt.
Bei gegebenen Startwerten von k und z kennt man auch das Pro-Kopf-Vermögen der Inländer. Die Kapitalintensitäten beider Länder stimmen überein. Der positiven Auslandsposition eines Landes entspricht eine negative Auslandsposition des anderen Landes in gleicher Höhe. Somit ist auch das Pro-Kopf-Vermögen der Ausländer gegeben. Der Weltmarktzins r ergibt sich aus Gleichung (17). Das Pro-Kopf-Volkseinkommen der In- bzw. Ausländer läßt sich durch die Gleichungen (21) und (22) bestimmen.
Aus (28) und (31) erhält man die Veränderung von k und z in der Zeit und somit auch die Entwicklung aller anderen Variablen.

Die Darstellung in den Größen k und z ist nicht die einzige Möglichkeit, die zeitlichen Abläufe zu beschreiben. Eine Alternative bildet das Differentialgleichungssystem mit den Variablen a und k.
So folgt aus der Sparfunktion der Inländer (23) wegen

(32) $\quad \dfrac{\dot{A}}{L} = \dot{a} + na$

und unter Benutzung von (18) sowie (21) eine Gleichung für die Entwicklung des Pro-Kopf-Vermögens der Inländer.

(33) $\quad \dot{a} = \sigma w + (\sigma r - n) a$

Auch die zeitliche Veränderung der Kapitalintensität kann in Abhängigkeit von a und k ausgedrückt werden. Aus (28) und (18) folgt

(34) $\quad \dot{k} = \dfrac{\sigma+\sigma^*}{2} x(k) + \dfrac{\sigma-\sigma^*}{2} ra - (\dfrac{\sigma-\sigma^*}{2} r + n) k.$

Eine weitere Möglichkeit ist die Betrachtung in den Variablen a und a*, die später noch ausführlich behandelt wird.

3.3.1 Steady-State

Im Steady-State ändert sich die Kapitalintensität nicht mehr, d.h. es gilt $\dot{k}$ = 0. Damit werden aber auch die Pro-Kopf-Auslandsposition z und das Pro-Kopf-Vermögen der Inländer a bzw. das der Ausländer a* zu Konstanten. Aus (33) folgt für $\dot{a}$ = 0 eine im Steady-State gültige Beziehung zwischen dem Pro-Kopf-Vermögen der Inländer und der Kapitalintensität.

(35) $\quad a = \dfrac{\sigma w}{(n - \sigma r)}$

Völlig analog vorgehend erhält man für das Pro-Kopf-Vermögen der Ausländer

(36) $\quad a^* = \dfrac{\sigma^* w}{(n - \sigma^* r)}$.

Das Vermögen der In- bzw. der Ausländer ist also nur dann positiv, wenn die Bedingungen

(37)
$$n - \sigma r > 0$$
$$n - \sigma^* r > 0$$

erfüllt sind. Es sei angenommen, daß dies der Fall ist, womit die Betrachtung ökonomisch irrelevanter Steady-States ausgeschlossen wird.[1]
Aus (28) und (31) folgt für $\dot{k} = 0$ und $\dot{z} = 0$ das Gleichungssystem

$$(38) \quad z = \frac{nk - \frac{\sigma+\sigma^*}{2} x(k)}{\frac{\sigma-\sigma^*}{2} r}$$

$$(39) \quad z = \frac{(\sigma - \sigma^*) x(k)}{(n - \sigma r) + (n - \sigma^* r)} .$$

dessen Lösung die Steady-State-Werte der Kapitalintensität und der Auslandsposition bestimmt. Aber auch ohne die explizite Lösung anzugeben, läßt sich aus (39) ein fundamentaler Sachverhalt für die Auslandsposition folgern. Wegen (37) ist der Nennerausdruck in (39) positiv.
Damit ist offensichtlich, daß das Vorzeichen der Auslandsposition ausschließlich durch die Höhe der Sparneigungen bestimmt wird.

$$(40) \quad z \gtreqless 0 \quad <=> \quad \sigma \gtreqless \sigma^*$$

---

1) Eine identische Bedingung leiten Hanson/Neher (1967) und Fischer/Frenkel (1972) für eine kleine offene Volkswirtschaft her.

In einem Steady-State - bei gleicher Produktionstechnologie im In- und Ausland - ist das Land mit der größeren Sparquote Gläubigerland, das mit der kleineren Sparquote Schuldnerland. Die Auslandsposition ist langfristig ausgeglichen, wenn die Sparquoten des In- und Auslandes übereinstimmen.

3.3.2 Dynamik - die Darstellung im z,k-Diagramm

Der Darstellung von Hamada (1966) folgend sei die Dynamik im z,k-Diagramm mittels einer qualitativen Analyse beschrieben.[1]
Zunächst werden die beiden Steady-State-Kurven (38) und (39) in das Diagramm (Abb. 5) eingezeichnet. Ohne Beschränkung der Allgemeinheit sei hierbei angenommen, daß das Inland eine größere Sparneigung als das Ausland aufweist, so daß $\sigma > \sigma^*$ gilt.
Die $\dot{k}=0$-Kurve (38) beginnt im Ursprung, besitzt ein Minimum, schneidet die k-Achse bei

$$nk = \frac{\sigma+\sigma^*}{2} x(k),$$

und es gilt

$$\lim_{k \to \infty} z = \infty$$

Die $\dot{z}=0$-Kurve (39) weist links vom Schnittpunkt der $\dot{k}=0$-Kurve mit der k-Achse eine Asymptote auf und hat den in Abb. 5 dargestellten Verlauf.

---

1) Das Verfahren der qualitativen Analyse soll hier nicht näher erläutert werden. Gute Darstellungen finden sich in den Büchern von Chiang (1985) und Gandolfo (1980).

Abb. 5: Steady-State und Dynamik bei identischen Produktionstechnologien - die Darstellung im z,k-Diagramm

Fall: $\sigma > \sigma^*$

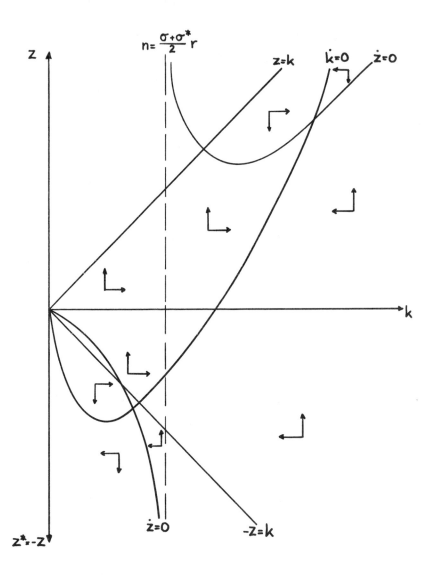

Durch die beiden Winkelhalbierenden $z = k$ und $z^* = -z = k$ wird der Wertebereich von z und k auf die ökonomisch relevanten Kombinationen von z und k beschränkt. Oberhalb der Winkelhalbierenden $z = k$ gilt $a^* < 0$, unterhalb von $z = -k$ gilt $a < 0$. Aus dem Verlauf der beiden Steady-State Kurven schließt Hamada auf die Existenz zweier Steady-States. Aufgrund der Überlegungen aus dem vorherigen Abschnitt ist aber klar, daß ein ökonomisch relevanter Steady-State bei $\sigma > \sigma^*$ nur mit einer positiven Auslandsposition des Inlandes verbunden sein kann. Der zweite Steady-State mit $z < 0$ liegt also links von der Winkelhalbierenden $z = -k$ und ist ökonomisch irrelevant.

Die qualitative Analyse beschreibt die Dynamik anhand von Richtungspfeilen. Diese erhält man durch Auswertung der partiellen Ableitungen von (28) und (31).

(41) $\quad \dfrac{\partial \dot{k}}{\partial k} = \dfrac{\sigma + \sigma^*}{2} r + \dfrac{\sigma - \sigma^*}{2} x_{kk}(k) \, z - n$

(42) $\quad \dfrac{\partial \dot{k}}{\partial z} = \dfrac{\sigma - \sigma^*}{2} r \gtreqless 0 \quad <=> \quad \sigma \gtreqless \sigma^*$

(43) $\quad \dfrac{\partial \dot{z}}{\partial z} = \dfrac{\sigma + \sigma^*}{2} r - n$

(44) $\quad \dfrac{\partial \dot{z}}{\partial k} = \dfrac{\sigma - \sigma^*}{2} r + \dfrac{\sigma + \sigma^*}{2} x_{kk}(k) \, z$

Aus (42) läßt sich folgern, daß die Kapitalintensität oberhalb der $\dot{k}=0$-Kurve steigt und unterhalb der $\dot{k}=0$-Kurve sinkt. Aus (43) folgt, daß links von der Asymptote die Auslandsposition oberhalb der $\dot{z}=0$-Kurve steigt und unterhalb davon fällt. Rechts von der Asymptote sinkt dagegen die Auslandsposition oberhalb der $\dot{z}=0$-Kurve und steigt unterhalb davon.

Der Nachteil der Hamada-Darstellung ist offensichtlich. Im z,k-Diagramm ist es ihm zwar möglich, die (lokale) Stabilität eines Steady-States zu zeigen, nicht aber, unter welchen Bedingungen Existenz und Eindeutigkeit dieses Steady-States gewährleistet sind.

So läßt sich beispielsweise leicht eine Kombination von Kurven zeichnen, bei der deren Schnittpunkt oberhalb der $z = k$-Geraden liegt. In diesem Fall würde kein ökonomisch relevanter Steady-State existieren.

Hinreichende Bedingungen für Existenz, Eindeutigkeit und Stabilität wurden von Ruffin (1979) hergeleitet, der zudem Hamadas Ansatz um die Einbeziehung unterschiedlicher Produktionstechnologien erweitert.

3.4 Das Zwei-Länder-Modell bei abweichenden Produktionstechnologien

Die Analyse im letzten Abschnitt beschränkte sich auf die Betrachtung rein konsumtiv verursachter Auslandsverschuldung. Das Land, dessen Einwohner - im Vergleich zu den Einwohnern des anderen Landes - einen größeren Teil ihres Volkseinkommens konsumieren bzw. einen geringeren Teil sparen, ist nicht in der Lage, die Kapitalnachfrage seiner Unternehmen aus eigenen Mitteln zu befriedigen. Teile des Kapitalstocks müssen durch Kredite im Ausland finanziert werden, und das Land mit der geringeren Sparneigung wird zum Schuldnerland.
Aus der Annahme identischer Produktionstechnologien folgt dabei - aufgrund gleicher Arbeitsausstattung - die ständige Übereinstimmung des in- und ausländischen Kapitalstocks und somit gleich große Investitionen in beiden Ländern. Läßt man nun unterschiedliche Produktionsfunktionen zu, so gilt dies nicht mehr, sondern

und
$$k \neq k^*$$

(45) $\quad \dot{k}^* = \dfrac{x_{kk}}{x^*_{kk^*}} \dot{k} \neq \dot{k}^*,$

so daß im In- und Ausland i.a. nicht mehr in gleicher Höhe investiert wird.
Bei Einbeziehung unterschiedlicher Produktionstechnologien erweist sich die Darstellung des Systems in den Pro-Kopf-Vermögensgrößen a und a* als vorteilhafter.
Die Bedingung für den Ausgleich der Kapitalgrenzproduktivitäten (17) läßt sich mittels (18) - (20) zu

(46) $x_k(a-z) = x^*_{k*}(a^*+z) = r$

umformen.

Aus der Sparfunktion der Inländer (23) folgt unter Berücksichtigung von (32), (21) und (18) die Differentialgleichung

(47) $\dot{a} = \sigma[x(a-z) + rz] - na$,

die zusammen mit (46) die zeitliche Entwicklung des inländischen Pro-Kopf-Vermögens in Abhängigkeit von a und a* beschreibt. Aus der Sparfunktion der Ausländer (24) folgt entsprechend die zweite Differentialgleichung

(48) $\dot{a}^* = \sigma^*[x^*(a^*+z) - rz] - na^*$,

die zusammen mit (46) die zeitliche Entwicklung des ausländischen Pro-Kopf-Vermögens ebenfalls als Funktion von a und a* angibt.
Sind zu einem beliebigen Zeitpunkt die Größen a und a* bekannt, so folgt aus der Übereinstimmung der Kapitalgrenzproduktivitäten (46) die Auslandsposition z, womit k und k* sowie y und y* bestimmt sind. Wegen der exogen gegebenen Wachstumsrate der Bevölkerung und der exogen gegebenen Sparquoten kennt man - in diskreter Betrachtungsweise - die neuen Vermögensbestände, damit auch die zugehörige neue Auslandsposition und alle weiteren Modellvariablen der nächsten Periode, so daß das Gleichungssystem (46) - (48) die zeitliche Entwicklung im Modell erfaßt.

3.4.1 Steady-State

Im Steady-State reicht die Ersparnis der Inländer gerade aus, ihr Pro-Kopf-Vermögen konstant zu halten. Aus (47) folgt daher mit $\dot{a} = 0$ und unter Berücksichtigung von (18) - völlig analog zum Fall gleicher Produktionsfunktionen vorgehend - eine Gleichung, die das Pro-Kopf-Vermögen der Inländer in Abhängigkeit von der inländischen Kapitalintensität beschreibt.

(49) $\quad a = \dfrac{\sigma w}{(n - \sigma r)}$

Entsprechend läßt sich auch das Pro-Kopf-Vermögen der Ausländer in Abhängigkeit von der ausländischen Kapitalintensität angeben. Für $\dot{a}^* = 0$ erhält man aus (48) mittels (19) und (20)

(50) $\quad a^* = \dfrac{\sigma^* w^*}{(n - \sigma^* r)}$

Im Gegensatz zum Fall gleicher Produktionsfunktionen taucht in Gleichung (50) die Variable w^* auf. Dies liegt natürlich daran, daß durch die nun im In- und Ausland unterschiedlichen Kapitalintensitäten auch die Reallohnsätze beider Länder voneinander abweichen. Dennoch bleiben die Bedingungen, die ökonomisch irrelevante Steady-States ausschliessen, die gleichen. Es sei weiterhin angenommen, daß sie erfüllt sind.

(37) $\quad n - \sigma r > 0$
$\quad\quad\quad n - \sigma^* r > 0$

Die Steady-State-Werte von a, a^* und z erhält man als Lösung des folgenden Gleichungssystems:

(51)
a) $na = \sigma[x(a-z) + rz]$
b) $na^* = \sigma^*[x^*(a^*+z) - rz]$
c) $x_k(a-z) = x^*_{k^*}(a^*+z) = r.$

Auch ohne die explizite Lösung anzugeben, läßt sich eine wichtige Aussage über das Vorzeichen der Auslandsposition im Steady-State herleiten. Ausgangspunkt bildet die Definitionsgleichung (18), die die inländische Auslandsposition als Differenz von Reinvermögen und Kapitalstock beschreibt. Ersetzt man das Vermögen a gemäß Gleichung (49), folgt nach einigen Umformungen ein Ausdruck für die Auslandsposition des Inlands im Steady-State.

(52) $\quad z = \dfrac{\sigma x - nk}{n - \sigma r}$

Eine weitere Gleichung erhält man aus (19) unter Berücksichtigung von (20) und (50).

(53) $\quad z = \dfrac{nk^* - \sigma^* x^*}{n - \sigma^* r}$

Sind die Bedingungen für ein positives Vermögen der In- bzw. Ausländer (37) erfüllt, gelten für das Vorzeichen der inländischen Auslandspositionen im Steady-State[1]

(54) $\quad z \gtreqless 0 \quad <=> \quad \dfrac{\sigma x}{k} \gtreqless n \quad$ und

(55) $\quad z \gtreqless 0 \quad <=> \quad n \gtreqless \dfrac{\sigma^* x^*}{k^*}.$

Faßt man (54) und (55) zusammen, gelangt man zu der fundamentalen Aussage über das Vorzeichen der Auslandsposition im Steady-State.

---

1) Gleichung (54) deckt sich mit der von Neher (1970) abgeleiteten Bedingung.

(56) $z \gtreqless 0 \iff \dfrac{\sigma x(k)}{k} \gtreqless \dfrac{\sigma^* x^*(k^*)}{k^*}$

Im Gegensatz zum Fall identischer Produktionsfunktionen, bei dem das Vorzeichen der Auslandsposition ausschließlich durch die Ländersparquoten bestimmt wird, erlangt bei unterschiedlichen Produktionsfunktionen die durchschnittliche Kapitalproduktivität als zweiter Faktor entscheidende Bedeutung.[1]
Unterstellen wir gleiche Sparneigungen in beiden Ländern, dann ist langfristig das Land mit der höheren durchschnittlichen Kapitalproduktivität Gläubigerland.
Nehmen wir dagegen identische Produktionsfunktionen im In- und Ausland an, stimmen die durchschnittlichen Kapitalproduktivitäten beider Länder überein. Man erhält als Spezialfall das Ergebnis aus dem letzten Abschnitt, daß das Land mit der größeren Sparneigung Gläubigerland ist.

3.4.2 Dynamik - die Darstellung im a,a*-Diagramm

Bei der Herleitung der Fundamentalbedingung (56) wurde stillschweigend vorausgesetzt, daß ein Steady-State existiert. Ob unter realistischen Bedingungen Existenz, Eindeutigkeit und Stabilität dieses Steady-States gewährleistet sind, untersucht Ruffin (1979) im a,a*-Diagramm.

Die z-Kurve in Abb. 6 beschreibt die Kombinationen von a und a*, bei denen die Auslandsposition gleich null ist.

---

1) Es sei hier auf einen äußerst diffizilen Punkt aufmerksam gemacht. Die durchschnittliche Kapitalproduktivität ist eine endogene Variable, die sich mit der Kapitalintensität ändert. Ist jedoch im Steady-State die durchschnittliche Kapitalproduktivität eines Landes größer als die des anderen Landes, dann läßt sich zeigen, daß dies auch in der Umgebung des Steady-States gegeben ist.

Setzt man in der Bedingung für den Ausgleich der Kapitalgrenzproduktivitäten (46) z = 0, so erhält man nach Differentiation

(57) $\quad \dfrac{da^*}{da} = \dfrac{x_{kk}}{x^*_{kk^*}} > 0.$

Die z-Kurve weist also eine positive Steigung auf. Rechts von dieser Kurve gilt z > 0, und das Inland ist Gläubigernation. Links davon gilt z < 0, und das Inland ist Schuldnernation.

Die a-Kurve in Abb. 6 beschreibt die Kombinationen von a und a*, bei denen sich das Pro-Kopf-Vermögen der Inländer nicht ändert, d.h. $\dot{a} = 0$ erfüllt ist.
Differenziert man die Differentialgleichung (47) unter Berücksichtigung von (46) partiell nach a bzw. a*

(58) $\quad \dfrac{\partial \dot{a}}{\partial a} = \sigma r - n + \sigma z \dfrac{\partial r}{\partial a}$

(59) $\quad \dfrac{\partial \dot{a}}{\partial a^*} = \sigma z \dfrac{\partial r}{\partial a} \gtreqless 0 \text{ für } z \lesseqgtr 0$

mit

(60) $\quad \dfrac{\partial r}{\partial a} = \dfrac{\partial r}{\partial a^*} = \dfrac{x_{kk} \, x^*_{kk^*}}{(x_{kk} + x^*_{kk^*})} < 0,$

so folgt aus der Regel zur Ableitung impliziter Funktionen die Steigung der a-Kurve

(61) $\quad \dfrac{da^*}{da}\bigg|_{\dot{a}=0} = - \dfrac{\partial \dot{a}/\partial a}{\partial \dot{a}/\partial a^*} = \dfrac{n - \sigma r - \sigma z \, \partial r/\partial a}{\sigma z \, \partial r/\partial a}.$

Die a*-Kurve in Abb. 6 beschreibt nun die Kombinationen von a und a*, bei denen sich das Pro-Kopf-Vermögen der Ausländer nicht ändert, d.h. es gilt $\dot{a}^* = 0$.

Partielle Differentiation von (48) ergibt

(62) $\dfrac{\partial \dot{a}^*}{\partial a^*} = \sigma^* r - n - \sigma^* z \dfrac{\partial r}{\partial a}$

(63) $\dfrac{\partial \dot{a}^*}{\partial a} = - \sigma^* z \dfrac{\partial r}{\partial a} \gtreqless 0 \quad \text{für} \quad z \gtreqless 0$.

Wiederum durch Anwendung der Regel zur Ableitung impliziter Funktionen erhält man die Steigung der a*-Kurve.

(64) $\left.\dfrac{da^*}{da}\right|_{\dot{a}^* = 0} = - \dfrac{\partial \dot{a}^*/\partial a}{\partial \dot{a}^*/\partial a^*} = \dfrac{-\sigma^* z \partial r/\partial a}{n - \sigma^* r + \sigma^* z \partial r/\partial a}$

Der Einfachheit halber sei zunächst vorausgesetzt, daß die partiellen Ableitungen (58) und (62) negativ sind, also bei steigendem Vermögen sich der Vermögenszuwachs verringert.

(65) $\sigma r - n + \sigma z \dfrac{\partial r}{\partial a} < 0$

(66) $\sigma^* r - n - \sigma^* z \dfrac{\partial r}{\partial a} < 0$

Erst später soll untersucht werden, wann diese Bedingungen erfüllt sind.

Bei Gültigkeit von (65) und (66) haben a- und a*-Kurve den in Abb. 6 dargestellten Verlauf. Für z < 0, d.h. links von der z-Kurve, ist der Nennerausdruck in (61) positiv und die Steigung der a-Kurve wegen (65) ebenfalls positiv. Für z > 0 ist der Nennerausdruck in (61) und somit wegen (65) die Steigung der a-Kurve negativ.
Die a*-Kurve weist entsprechend eine positive Steigung rechts und eine negative Steigung links von der z-Kurve auf.

Abb. 6: Steady-State und Dynamik bei abweichenden Produktionstechnologien - die Darstellung im a,a*-Diagramm

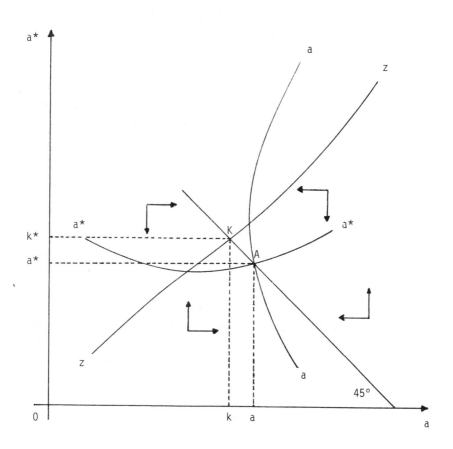

Aus der eindeutigen Existenz des Schnittpunktes der a-Kurve (a*-Kurve) mit der z-Kurve, der ja nichts anderes als das Autarkiegleichgewicht des Inlandes (Auslandes) widerspiegelt, folgt aus den Kurvenverläufen die eindeutige Existenz des Schnittpunktes von a- und a*-Kurve.

Legt man durch den Punkt A die Isoweltvermögensgerade, dann bestimmt der Schnittpunkt K dieser Geraden mit der z-Kurve die Steady-State-Kapitalintensitäten beider Länder. Die inländische Auslandsposition erscheint als Differenz der Koordinatenabschnitte gemäß Gleichung (18). In Abb. 6 ist der Fall eingezeichnet, daß das Inland im Steady-State Gläubigerland ist, da der Schnittpunkt A der a- und der a*-Kurve rechts von der z-Kurve liegt. Folglich gilt

$$\frac{\sigma x(k)}{k} > \frac{\sigma^* x^*(k^*)}{k^*} .$$

Der Fall einer negativen Auslandsposition des Inlandes im Steady-State läßt sich ebenfalls leicht konstruieren. Dazu muß nur der Schnittpunkt der a-Kurve mit der z-Kurve näher zum Ursprung liegen als der Schnittpunkt der a*-Kurve mit der z-Kurve. Dies ist genau der Fall, wenn

$$\frac{\sigma x(k)}{k} < \frac{\sigma^* x^*(k^*)}{k^*}$$

gilt.

Die Richtungspfeile in Abb. 6 erhält man durch Auswertung der partiellen Ableitungen (58) und (62). Wegen (65) folgt aus (58)

$$\frac{\partial \dot{a}}{\partial a} < 0.$$

Das inländische Pro-Kopf-Vermögen sinkt also rechts von der a-Kurve und steigt links davon.

Wegen (66) folgt aus (62)

$$\frac{\partial \dot{a}*}{\partial a*} < 0.$$

Dies bedeutet, daß das Pro-Kopf-Vermögen der Ausländer unterhalb der a*-Kurve steigt und oberhalb dieser Kurve fällt.

Bei Gültigkeit der Bedingungen (65) und (66) ist die Stabilität des Steady-States gewährleistet.

$$\frac{\partial \dot{a}}{\partial a} + \frac{\partial \dot{a}*}{\partial a*} < 0$$

$$D = \frac{\partial \dot{a}}{\partial a} \frac{\partial \dot{a}*}{\partial a*} - \frac{\partial \dot{a}*}{\partial a} \frac{\partial \dot{a}}{\partial a*} > 0$$

Es bleibt zu prüfen, ob (65) und (66) normalerweise oder nur bei Betrachtung eines weniger relevanten Spezialfalles gelten.

Bildet man zur Beantwortung dieser Frage die partielle Ableitung $\partial Y/\partial L$, dann erhält man nach zahlreichen Umformungen den folgenden Ausdruck[1]:

$$\frac{\partial Y}{\partial L} = y - a(r + z\frac{\partial r}{\partial a}).$$

Dann läßt sich zeigen, daß (65) erfüllt ist, wenn

---

[1] Zur Herleitung der Aussage, wann die Bedingungen (65) und (66) erfüllt sind, sei zusätzlich auf die Arbeit von Ruffin (1979) verwiesen.

(67) $na > \sigma y (1 - \varepsilon_{Y,L})$

mit $\varepsilon_{Y,L} = \frac{\partial Y}{\partial L} \cdot \frac{L}{Y}$ gilt.

Nehmen wir an, daß ein höherer Arbeitseinsatz im Inland mit einem größeren inländischen Volkseinkommen verbunden ist, was als Normalfall bezeichnet werden kann, und die Ersparnis der Inländer das inländische Pro-Kopf-Vermögen nicht beträchtlich ansteigen läßt, dann gilt Bedingung (65). Eine entsprechende Aussage kann auch für das Ausland hergeleitet werden.

(68) $\sigma^* r - n - \sigma^* z \frac{\partial r}{\partial a} < 0 \iff na^* > \sigma^* y^* (1 - \varepsilon^*_{Y^*,L})$

Folglich ist die Gültigkeit von (65) und (66) normalerweise gewährleistet.

3.4.3 Komparative Statik und der Anpassungspfad zum neuen Steady-State

3.4.3.1 Konsumschocks

Der Konsumschock sei hier modelliert durch eine exogene Änderung der inländischen Sparneigung σ. Die Auswirkungen dieser Änderung auf die Lage der a-, der a*- und der z-Kurve erhält man durch totale Differentiation des Gleichungssystems (51).

(69)

(a), (b), (c):

$$\begin{bmatrix} -(n-\sigma r-\sigma z x_{kk}) & 0 & y \\ 0 & -(n-\sigma^* r+\sigma^* z x^*_{kk^*}) & 0 \\ x_{kk} & -x^*_{kk^*} & 0 \end{bmatrix} \begin{bmatrix} da \\ da^* \\ d\sigma \end{bmatrix} = \begin{bmatrix} \sigma z x_{kk} \\ \sigma^* z x^*_{kk^*} \\ x_{kk} + x^*_{kk^*} \end{bmatrix} dz$$

Elimination von dz ergibt das folgende reduzierte Gleichungssystem.

$$(70) \begin{matrix}(a)\\(b)\end{matrix} \begin{bmatrix} n-\sigma r-\sigma z\,\frac{\partial r}{\partial a} & -\sigma z\,\frac{\partial r}{\partial a} \\ \sigma^* z\,\frac{\partial r}{\partial a} & n-\sigma^* r+\sigma^* z\,\frac{\partial r}{\partial a} \end{bmatrix} \begin{bmatrix} da \\ da^* \end{bmatrix} = \begin{bmatrix} y \\ 0 \end{bmatrix} d\sigma$$

Klarerweise hat eine σ-Änderung keinen Einfluß auf die Lage der z-Kurve (69c) und der a*-Kurve (70b). Dagegen verschiebt sich die a-Kurve in Abb. 7 aufgrund einer σ-Erhöhung (σ-Senkung) nach rechts (links). Die Weltwirtschaft bewegt sich zum neuen Steady-State A'. Ausgehend von einer ausgeglichenen Auslandsposition im alten Steady-State A steigt das Pro-Kopf-Vermögen der In- und Ausländer. Folglich sinkt der Weltmarktzins, und die Kapitalintensität steigt in beiden Ländern. Der Reinvermögenszuwachs der Inländer fällt aber größer aus als die Erhöhung der inländischen Kapitalintensität, so daß sich sowohl im neuen Steady-State als auch auf dem Anpassungspfad dorthin eine Gläubigerposition des Inlandes ergibt.

Eine Vergrößerung des Pro-Kopf-Vermögens der Inländer sowie der in- und ausländischen Kapitalintensität ist bei einer σ-Erhöhung - unabhängig von der Ausgangslage - auf jeden Fall gewährleistet. Dagegen wird das Pro-Kopf-Vermögen der Ausländer sinken, wenn σ steigt und das Inland in der Ausgangssituation Schuldnerland ist. Der Grund hierfür liegt in dem Umstand, daß die Senkung des Weltmarktzinses das Zinseinkommen und somit das Volkseinkommen pro Ausländer reduziert, woraus eine geringere Pro-Kopf-Ersparnis resultiert.

Abb. 7: Konsumschock im a,a*-Diagramm

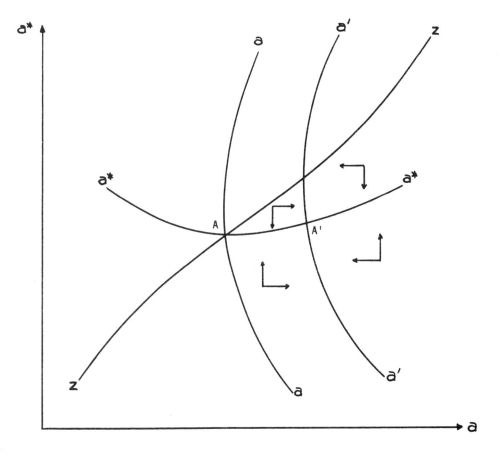

3.4.3.2 Produktivitätsschocks

Der Produktivitätsschock sei modelliert durch eine exogene Änderung des inländischen Effizienzparameters λ.[1] Die Auswirkungen dieser Änderung auf die Lage der a-, der a*- und der z-Kurve erhält man durch totale Differentiation des Gleichungssystems (51).

$$(71) \begin{array}{c}(a)\\(b)\\(c)\end{array} \begin{bmatrix} -(n-\sigma r-\sigma z x_{kk}) & 0 & \frac{\sigma}{\lambda}y \\ 0 & -(n-\sigma^* r+\sigma^* z x^*_{kk*}) & 0 \\ x_{kk} & -x^*_{kk*} & \frac{r}{\lambda} \end{bmatrix} \begin{bmatrix} da \\ da^* \\ d\lambda \end{bmatrix} = \begin{bmatrix} \sigma z x_{kk} \\ \sigma^* z x^*_{kk*} \\ x_{kk}+x^*_{kk*} \end{bmatrix} dz$$

Elimination von dz ergibt das folgende reduzierte Gleichungssystem:

$$(72) \begin{array}{c}(a)\\(b)\end{array} \begin{bmatrix} n-\sigma r-\sigma z \frac{\partial r}{\partial a} & -\sigma z \frac{\partial r}{\partial a} \\ \sigma^* z \frac{\partial r}{\partial a} & n-\sigma^* r+\sigma^* z \frac{\partial r}{\partial a} \end{bmatrix} \begin{bmatrix} da \\ da^* \end{bmatrix} = \begin{bmatrix} \frac{\sigma}{\lambda}\frac{\partial r}{\partial a}(\frac{y}{x_{kk}} + \frac{x}{x^*_{kk*}}) \\ -\frac{\sigma^*}{\lambda}\frac{\partial r}{\partial a}\frac{rz}{x_{kk}} \end{bmatrix} d\lambda$$

Aus (71c) folgt, daß eine Effizienzsteigerung (-senkung) im Inland die z-Kurve nach rechts (links) verschiebt, aber ebenfalls die a- (72a) und die a*-Kurve (72b).
Ausgehend von einer ausgeglichenen Auslandsposition im alten Steady-State ist daher - nur aufgrund der Kurvenverschiebungen

---

[1] Die hier betrachtete exogene Änderung des Effizienzparameters ist sicherlich die einfachste Form eines Produktivitätsschocks. Eine λ-Erhöhung stellt einen einmaligen Hicks-neutralen technischen Fortschritt dar, der sich beispielsweise als verbesserte Infrastruktur des Inlandes deuten läßt. Um das Modell realitätsnäher zu gestalten, könnte eine Abhängigkeit des Effizienzparameters z.B. von der Höhe investiver Staatsausgaben modelliert werden, was hier aber nicht geschehen soll. Eine andere Möglichkeit betrachten Fischer/Frenkel (1972). Sie nehmen an, daß der Effizienzparameter eine Funktion der im Inland getätigten Investitionen ist.

- nicht feststellbar, ob im neuen Steady-State nach Erhöhung des inländischen Effizienzparameters das Inland Gläubiger- oder Schuldnerland ist. Hierzu wäre es notwendig, das Ausmaß der Kurvenverschiebungen zu kennen. In Abb. 8 ist der Fall dargestellt, daß die Effizienzsteigerung im Inland die Auslandsposition langfristig verbessert. Kurzfristig ergibt sich dagegen auf jeden Fall eine Verschlechterung der Auslandsposition (Schuldnerposition).[1]

Anhand der Fundamentalgleichung (56) ist zu erkennen, daß der Grund für dieses Verhaltensmuster (Übergang von einer Schuldner- zu einer Gläubigerposition des Inlandes) darin liegen muß, daß die Steigerung der inländischen Effizienz die durchschnittliche Kapitalproduktivität des Inlandes langfristig weniger als die des Auslandes senkt, da sich das Sparverhalten in beiden Ländern nicht ändert.

Ob und wann dies der Fall ist, hängt allerdings von der speziellen Gestalt der Produktionsfunktionen beider Länder ab, wie im nächsten Abschnitt zu sehen sein wird.

---

1) Tritt ein Produktivitätsschock auf, wird der Ausgleich der Kapitalgrenzproduktivitäten erst durch die Annahme möglich, daß der bereits installierte Kapitalstock mobil ist. Unterstellt man dagegen Immobilität des bestehenden Kapitalstocks, wird der Ausgleich der Kapitalgrenzproduktivitäten durch die Wertänderung des Besitzanspruches (Aktie) einer im Unternehmen eingesetzten Kapitaleinheit hergestellt. Niehans (1984) sowie Hori und Stein (1977) gehen näher auf diesen Aspekt ein.

Abb. 8: Produktivitätsschock im a,a*-Diagramm

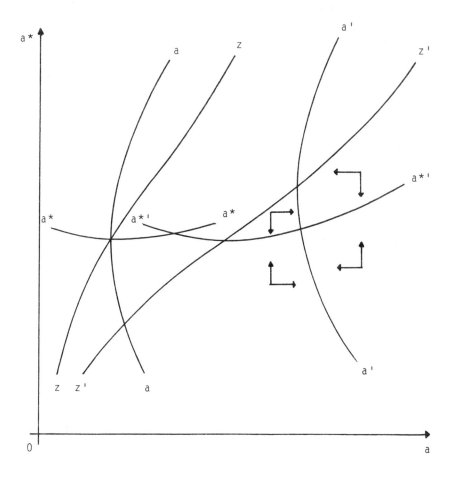

3.4.3.3 Produktivitätsschocks und Auslandsverschuldung bei speziellen Produktionsfunktionen

Offen blieb im letzten Abschnitt die Frage, welchen Einfluß ein Produktivitätsschock, modelliert durch eine exogene Änderung des inländischen Effizienzparameters, auf die durchschnittliche Kapitalproduktivität des In- bzw. des Auslandes hat. Aussagen hierüber lassen sich nur bei Annahme spezieller Produktionstechnologien ableiten. Unterstellen wir zunächst linear-homogene Cobb-Douglas-Produktionsfunktionen in beiden Ländern, wobei unterschiedliche Effizienzparameter und unterschiedliche Produktionselastizitäten zugelassen seien,

(73)
$$X = \lambda K^{\alpha} L^{\beta}$$
$$X^* = \lambda^* K^{*\alpha^*} L^{*\beta^*},$$

dann entspricht das Kapitaleinkommen pro Kopf dem konstanten Teil α bzw. α^* des jeweiligen Pro-Kopf-Outputs.

(74)
$$rk = \alpha x$$
$$rk^* = \alpha^* x^*$$

Unter Berücksichtigung von (74) läßt sich die Fundamentalgleichung (56) in Abhängigkeit der Modellparameter schreiben.

(75) $\quad z \gtreqless 0 \quad <=> \quad \dfrac{\sigma}{\alpha} \gtreqless \dfrac{\sigma^*}{\alpha^*}$

Offensichtlich ist das Vorzeichen der Auslandsposition im Steady-State unabhängig von der Größe der Effizienzparameter und wird ausschließlich durch die länderspezifischen Sparneigungen und Produktionselastizitäten des Kapitals bestimmt. Unterstellen wir ein Steady-State mit ausgeglichener

Auslandsposition in der Ausgangslage, dann wird das Inland bei gestiegenem λ zunächst Schuldnerland. Diese Schuldnerposition wird auf dem Weg zum neuen Steady-State allmählich abgebaut, bis im neuen Steady-State die Auslandsposition wieder ausgeglichen ist. Die Annahme von Cobb-Douglas-Produktionsfunktionen in beiden Ländern ist also unvereinbar mit der Darstellung in Abb. 8, und die Entwicklung der Auslandsposition verläuft nicht gemäß dem in der "Schuldenzyklus-Hypothese" beschriebenen Zeitpfad.

Als zweites Beispiel seien linear-homogene CES-Produktionsfunktionen in beiden Ländern unterstellt, die mit Ausnahme des konstanten Substitutionsparameters voneinander abweichen.

$$(76) \quad \begin{aligned} X &= \lambda[\nu K^{-\zeta} + \mu L^{-\zeta}]^{-\frac{1}{\zeta}} \\ X^* &= \lambda^*[\nu^* K^{*-\zeta} + \mu^* L^{*-\zeta}]^{-\frac{1}{\zeta}} \end{aligned}$$

Aus dem Investitionsverhalten folgt die Übereinstimmung der Kapitalgrenzproduktivitäten mit dem einheitlichen Weltmarktzins.

$$(77) \quad \begin{aligned} x_k &= \nu \lambda^{-\zeta} \left(\frac{x}{k}\right)^{1+\zeta} = r \\ x^*_{k^*} &= \nu^* \lambda^{*-\zeta} \left(\frac{x^*}{k^*}\right)^{1+\zeta} = r \end{aligned}$$

Ersetzt man in Gleichung (56) die durchschnittliche Kapitalproduktivität des In- bzw. Auslands gemäß (77), kann die Fundamentalbedingung (56) wiederum in Abhängigkeit der Modellparameter angegeben werden.

$$(78) \quad z \gtreqless 0 \iff \sigma \nu^{-b} \lambda^{1-b} \gtreqless \sigma^* \nu^{*-b} \lambda^{*1-b}$$

Hierbei bezeichnet b die Substitutionselastizität, die be-

kanntlich über $b = 1/(1+\zeta)$ mit dem Substitutionsparameter in Beziehung steht.
Ausgehend von einem Steady-State mit ausgeglichener Auslandsposition wird das Inland langfristig Gläubigernation, wenn λ steigt und die Substitutionselastizität kleiner eins ist. Dieser Fall liegt der Abb. 8 zugrunde.

Nimmt man nun an, daß beide Länder sich allein durch die Größe ihres Effizienzparameters unterscheiden, d.h. $\sigma = \sigma^*$ und $\nu = \nu^*$ gilt, dann vereinfacht sich Gleichung (78) erheblich.

(79) $\quad z \gtreqless 0 \quad <=> \quad \lambda^{1-b} \gtreqless \lambda^{*1-b}$

Bei einer Substitutionselastizität kleiner eins ist dann also das Land mit der größeren Effizienz langfristig Gläubigerland.

Ausgehend von einem Steady-State mit ausgeglichener Auslandsposition läßt sich der Anpassungsprozeß folgendermaßen skizzieren.
Die Erhöhung des inländischen Effizienzparameters macht die Kapitalanlage im Inland lohnender und induziert einen Kapitalimport. Das Inland wird Schuldnerland.
Durch die niedrigere Kapitalintensität im Ausland steigt dort die durchschnittliche Kapitalproduktivität, während im Inland die größere Kapitalintensität trotz der Effizienzsteigerung normalerweise zu einer kleineren durchschnittlichen Kapitalproduktivität führt.
Das Volkseinkommen der Inländer steigt mehr als das der Ausländer, welches pro Kopf vorübergehend sogar sinken kann.
Insgesamt erhöht sich aber das Pro-Kopf-Einkommen in der Welt und sorgt für ein größeres Angebot auf dem Weltkapitalmarkt, worauf die Kapitalintensitäten beider Länder steigen.

Aufgrund der kleiner als eins unterstellten Substitutionselastizität verbessert sich die Einkommensverteilung zugunsten des Faktors Arbeit. Die durchschnittliche Kapitalproduktivität sinkt. Der Kapitaleinkommensanteil am Inlandsprodukt verringert sich im Inland mehr als im Ausland. Hierdurch werden Auslandsinvestitionen attraktiver. Es kommt zu Kapitalexporten, die letztendlich zu einer inländischen Gläubigerposition führen.

Es würde sicherlich zu weit gehen, sämtliche Zusammenhänge verbal zu beschreiben, zumal auch das Auftreten gegenläufiger Effekte möglich ist.

Beispielsweise hat der Anstieg des Pro-Kopf-Vermögens im Schuldnerland negative Auswirkungen auf die Entwicklung des Gläubigerlandes, wenn dort das Volkseinkommen pro Kopf aufgrund einer Reduktion des Weltmarktzinses (trotz steigender Reallöhne) sinkt.

Ein geringeres Pro-Kopf-Vermögen im Gläubigerland hat dagegen für das Schuldnerland negative Folgen, wenn nicht die vom Schuldnerland zu leistenden Zinszahlungen beträchtlich abnehmen.

Es ist möglich, daß das Zusammenwirken dieser beiden Effekte zu einem zyklisch verlaufenden Anpassungspfad führt.

4. Auslandsverschuldung im Modell mit überlappenden Generationen

Die Grundidee, die Bevölkerung in zwei oder mehrere sich überlappende Generationen einzuteilen, geht auf Samuelson (1958) zurück. Sein "Consumption-Loan"-Modell erweitert Diamond (1965) um einen Produktionssektor, wobei er sich auf den einfachsten Fall beschränkt, daß die Bevölkerung sich aus einer jungen und einer alten Generation zusammensetzt.
Die junge Generation bietet Arbeit an, fragt zu Konsumzwecken Güter nach und bildet Ersparnisse, die das Angebot auf dem Kapitalmarkt darstellen.
Die alte Generation besitzt Vermögen aufgrund früher getätigter Ersparnis, arbeitet nicht und konsumiert nur. Die Unternehmer fragen zu Produktionszwecken Arbeit und Kapital nach und treten als Anbieter auf dem Gütermarkt auf.

Alle drei betrachteten Märkte sind stets im Gleichgewicht. Ein flexibler Reallohn klärt den Arbeitsmarkt; der Zinssatz sorgt simultan für ein Gleichgewicht auf dem Kapital- und dem Gütermarkt.
Das Leben jeder Generation umfaßt zwei gleich lange Zeitabschnitte, eine Arbeits- und eine Ruhestandsphase. Die einzige Möglichkeit im Grundmodell von Diamond, Gegenwarts- in Zukunftskonsum zu transformieren, besteht im Erwerb der von den Unternehmen ausgegebenen Wertpapiere.

Buiter (1981) modelliert eine Weltwirtschaft mit zwei Nationen, deren Haushaltssektoren durch jeweils zwei überlappende Generationen gemäß dem Samuelson-Diamond-Ansatz repräsentiert werden. Beide Länder produzieren das gleiche Gut mit der gleichen Technologie. Das Auftreten von Auslandsverschuldung wird auf die Existenz unterschiedlicher Zeitpräferenzraten der In- und Ausländer zurückgeführt. So-

wohl in- als auch ausländische Unternehmen geben Wertpapiere aus, die perfekte Substitute darstellen. Auslandsforderungen des Inlandes werden somit verstanden als Besitzansprüche von Inländern gegenüber einem im Ausland installierten Kapitalstock.
Buiter beschränkt sich ausschließlich auf die Analyse rein konsumtiv verursachter Auslandsverschuldung. Schmid/Großmann (1986) sowie Schmid (1987) erweitern Buiters Ansatz, indem sie unterschiedliche Produktionstechnologien in beiden Ländern zulassen. Hierdurch schaffen sie die modellmäßige Voraussetzung für eine Analyse sowohl konsumtiv als auch investiv verursachter Auslandsverschuldung.

Es existieren zahlreiche Varianten von Zwei-Länder-Modellen mit überlappenden Generationen.
Ein besonders häufig anzutreffender Modelltyp unterstellt eine exogen gegebene Ausstattung mit den international immobilen Produktionsfaktoren Arbeit und Boden. Die Mitglieder der jungen Generation legen ihre Ersparnisse in Eigentumsrechten am Faktor Boden an. Besonders deutlich wird, daß Kapitalmobilität international mobile Ersparnisse bedeutet, wobei der Realkapitalbestand (Boden) eines jeden Landes international völlig unbeweglich bleibt.
Diesem Ansatz lassen sich u.a. die Arbeiten von Gale (1974), Kareken/Wallace (1977), Calvo (1978) und Fried (1980) zuordnen.
Während es im Buiter-Ansatz die Unternehmen eines Landes sind, die sich im Ausland verschulden, blendet Dornbusch (1985) die Produktion aus seiner Analyse vollkommen aus. Zur intertemporalen Allokation des Konsums stehen den Individuen ausschließlich in- und ausländische staatliche Wertpapiere zur Verfügung. Folglich ist es der Staat eines Landes, der sich im Ausland verschuldet.

In- und Auslandsgeld als Wertaufbewahrungsmittel betrachten
u.a. Kareken/Wallace (1981) sowie Schittko/Eckwert (1988).
Strategisches Verhalten bei steuerfinanzierten Staatsausgaben analysieren Kehoe (1987) und Hamada (1986) im Buiter-Modell, wobei Hamada auch den Fall schuldenfinanzierter Staatsausgaben behandelt.
Staatsverschuldung im Buiter-Modell mit unterschiedlichen Produktionstechnologien ist Gegenstand der Arbeiten von Persson (1985) und Schmid (1988). Die gleiche Fragestellung betrachten auch Fried/Howitt (1988) in einem Zwei-Länder-Modell mit den exogen gegebenen Faktoren Arbeit und Boden.

Dieses Kapitel bringt eine Darstellung des Samuelson-Diamond-Buiter-Ansatzes und seiner Erweiterung von Schmid/Großmann (1986) bzw. Schmid (1987).[1] Im Gegensatz zu den letztgenannten Arbeiten beschränkt sich die Analyse nicht auf unterschiedliche Cobb-Douglas-Produktionstechnologien in beiden Ländern, sondern es wird versucht, die Determinanten der Auslandsverschuldung in dieser Hinsicht möglichst allgemein zu bestimmen. Die Annahme von Cobb-Douglas-Nutzenfunktionen wird jedoch beibehalten. Diese Vereinfachung hat den Vorteil, daß die Parallelen zum Solow-Modell des dritten Kapitels besonders deutlich werden. Ein Vergleich des Modells überlappender Generationen mit dem Zwei-Perioden-Ansatz und dem Solow-Modell bildet den Gegenstand des Exkurses in Abschnitt 4.5 am Ende dieses Kapitels.

---

1) Das vierte Kapitel ist im wesentlichen eine überarbeitete und erweiterte Version des Aufsatzes von Schmid/Großmann (1986).

4.1 Die Diamond-Variante des "Overlapping-Generations"-Modells einer geschlossenen Volkswirtschaft

4.1.1 Konsum und Ersparnis

Die Bevölkerung besteht in jeder Periode t aus zwei Generationen, L_t jungen und L_{t-1} alten Menschen. Jedes Mitglied einer Generation lebt zwei Perioden. Die Mitgliederzahl zweier aufeinanderfolgender Generationen wächst mit der exogenen Rate n.

(1) $\quad L_t = (1+n)\, L_{t-1}$

In der Jugend arbeiten die Mitglieder zum Lohnsatz w_t und konsumieren den Teil c_t^1 ihres Lohneinkommens. Der Rest $w_t - c_t^1$ bildet die Ersparnis s_t^j, die mit dem Zinssatz r_{t+1} verzinst wird.[1] Im zweiten Abschnitt ihres Lebens arbeiten die Mitglieder nicht, sondern verbrauchen ihre Ersparnisse s_t^j und die darauf erhaltenen Zinsen $r_{t+1} s_t^j$. Die jungen Leute stehen in der Periode t vor dem Problem, ihr Lohneinkommen so in Jugend- und Alterskonsum aufzuteilen, daß ihr Lebenszeitnutzen maximal wird. Nimmt man an, daß der Entscheidung eine linear-homogene Nutzenfunktion vom Cobb-Douglas-Typ zugrunde liegt, läßt sich das Optimierungsproblem schreiben als

(2) $\quad u(c_t^1, c_t^2) = (1 - \delta)\ln c_t^1 + \delta \ln c_t^2 \rightarrow \max$

unter der Nebenbedingung

---

1) Es sei darauf hingewiesen, daß die Bezeichnung r_{t+1} für den Zinssatz ein wenig irreführen kann, da er in der Periode t bestimmt wird. Die Zinszahlungen erfolgen jedoch erst in der Periode t+1.

(3) $w_t - c_t^1 = c_t^2 (1+r_{t+1})^{-1}$.

Als Ergebnis erhält man nach Anwendung der Lagrangeschen Multiplikatormethode

(4a) $c_t^1 = (1-\delta) w_t$

(4b) $s_t^j = \delta w_t$

(4c) $c_t^2 = (1+r_{t+1}) \delta w_t$.

Der Lebenszeitnutzen eines repräsentativen Individuums wird also maximal, wenn es den konstanten Teil δ seines Lohneinkommens spart.[1,2]
Die Ersparnis der jungen Generation in der Periode t stimmt mit dem Vermögensbestand A_{t+1} der gesamten Volkswirtschaft zu Beginn der Periode t+1 überein. Übergehend zu Pro-Kopf-Einheiten[3] folgt

(5) $s_t^j = (1+n) a_{t+1}$.

Die gesamtwirtschaftliche Ersparnis S_t entspricht der gesamtwirtschaftlichen Vermögensbildung

$$S_t = A_{t+1} - A_t.$$

---

1) Diamond geht in seiner Arbeit von einer allgemeineren Nutzenfunktion aus (siehe Diamond (1965), S. 1130 f.). Die Sparfunktion enthält dann neben dem Reallohnsatz w_t auch den Zinssatz r_{t+1} als Argument.

2) Eine graphische Darstellung des Entscheidungsproblems der jungen Generation findet sich im Exkurs im Abschnitt 4.5.

3) Im Rahmen von Modellen mit überlappenden Generationen bedeutet "pro Kopf" immer "pro Mitglied der jungen Generation". Die Gesamtbevölkerung der Periode t besteht aus L_t jungen sowie L_{t-1} = $L_t/(1+n)$ alten Leuten, beträgt folglich $L_t(2+n)/(1+n)$.

In Pro-Kopf-Schreibweise gilt dann

(6) $\quad s_t = (1+n)a_{t+1} - a_t.$

Aus (5) und (6) wird ein wichtiger Unterschied zwischen der gesamtwirtschaftlichen Ersparnis und der Ersparnis der jungen Generation deutlich.

$$s_t = s_t^j - a_t = s_t^j - s_{t-1}^j/(1+n)$$

Die gesamtwirtschaftliche Ersparnis im Modell überlappender Generationen entspricht also der Ersparnis der jungen Generation abzüglich dem Entsparen der alten Generation.

Ebenso ist beim Gesamtkonsum der Volkswirtschaft zu berücksichtigen, daß sowohl die Jungen als auch die Alten konsumieren. Da c_t^1 den Konsum eines Mitglieds der jungen Generation, c_{t-1}^2 den Konsum eines Mitglieds der alten Generation in der Periode t bezeichnet, beträgt der Gesamtkonsum C_t folglich

$$C_t = c_t^1 L_t + c_{t-1}^2 L_{t-1}.$$

Dies ergibt in Pro-Kopf-Einheiten

(7) $\quad c_t = c_t^1 + c_{t-1}^2/(1+n).$

Durch die Rückdatierung von (4b) und (4c) folgt mit (5)

(8) $\quad \frac{1}{1+n} c_{t-1}^2 = (1+r_t)a_t.$

Die alte Generation konsumiert also in der Ruhestandsperiode ihr gesamtes Vermögen und die darauf erhaltenen Zinsen.

4.1.2 Produktion und Faktornachfrage

Produziert wird nur ein Gut, das je nach Verwendungszweck als Konsum- oder Kapitalgut dienen kann. Die Transformation der beiden Produktionsfaktoren, Arbeit L_t und Kapital K_t, in den Output X_t wird durch eine linear-homogene Produktionsfunktion

(9) $\quad X_t = \lambda F(K_t, L_t)$

beschrieben, die die üblichen neoklassischen Eigenschaften, also positive und abnehmende Grenzerträge, stetige Differenzierbarkeit und Gültigkeit der Inada-Bedingungen aufweist. λ bezeichnet den exogen gegebenen Effizienzparameter. Aufgrund der linearen Homogenität läßt sich die Produktionsfunktion auch in Pro-Kopf-Form angeben.

(10) $\quad x_t = \lambda f(k_t) = x(k_t)$

Im ersten Lebensabschnitt (in der Jugend) bietet jedes Individuum unabhängig vom Reallohn eine Einheit Arbeit an, so daß Gleichung (1) die Entwicklung des Arbeitsangebotes beschreibt. Das unelastische Arbeitsangebot wird bei vollständiger Konkurrenz auf dem Arbeitsmarkt und völlig flexiblem Reallohnsatz vollbeschäftigt eingesetzt.[1] Bei ertragswertmaximierendem Verhalten der Unternehmen und vollständiger Konkurrenz folgt weiterhin, daß die Produktionsfaktoren gemäß ihrer Grenzproduktivität entlohnt werden.[2] Bei

---

1) Ungleichgewichte auf dem Arbeitsmarkt im Modell überlappender Generationen analysiert Ito (1978).
2) Zur näheren Erläuterung des Prinzips der Ertragswertmaximierung sei auf Fama/Miller (1971), S. 108 ff. verwiesen.

einer linear-homogenen Produktionsfunktion und Grenzproduktivitätsentlohnung gelten

(11) $\quad w_t = x_t - k_t\, x_k(k_t)\quad$ und $\quad r_t = x_k(k_t)$

mit den bekannten Eigenschaften

(12) $\quad \dfrac{dw_t}{dk_t} = w_k(k_t) = -k_t\, x_{kk}(k_t) > 0$

$\dfrac{dr_t}{dk_t} = r_k(k_t) = x_{kk}(k_t) < 0.$

Die Unternehmer haben einen Planungshorizont von zwei Perioden. In der ersten Periode wird der in der nächsten Periode produktiv wirksam werdende Kapitalstock durch die Ausgabe von Wertpapieren finanziert. Jedes Wertpapier stellt den Besitzanspruch auf eine im Unternehmen eingesetzte Kapitaleinheit dar. Im Interesse der Anteilseigner maximieren die Unternehmer den Ertragswert des Unternehmens. Zinszahlungen lassen sich insofern als Dividendenzahlungen interpretieren.

(13) $\quad EW = -K_{t+1} + \dfrac{X_{t+1} - w_{t+1}L_{t+1} + K_{t+1}}{1 + r_{t+1}} \quad \rightarrow \max$

Dementsprechend impliziert Ertragswertmaximierung eine Ausdehnung der Kapitalnachfrage, bis die Grenzproduktivität des Kapitals in der Periode t+1 gleich dem Zinssatz r_{t+1} ist.[1,2]

---

1) Hierbei handelt es sich um eine von den Unternehmern erwartete Grenzproduktivität, die vom optimalen Arbeitseinsatz in der Periode t+1 abhängt.
2) Vgl. hierzu auch Abschnitt 4.5.

(14) $\quad x_k(k_{t+1}) = r_{t+1}$.

Da die Investition der Änderung des Kapitalstocks entspricht, d.h.

$$I_t = K_{t+1} - K_t$$

gilt, folgt bei Übergang zu Pro-Kopf-Größen

(15) $\quad i_t = (1+n) k_{t+1} - k_t$.

Unter Berücksichtigung von (14) gelangt man zur Investitionsfunktion

(16) $\quad i_t = i(r_{t+1}, k_t) \quad$ mit $\quad \dfrac{di_t}{dr_{t+1}} = \dfrac{(1+n)}{x_{kk}(k_{t+1})} < 0$,

die - wie auch die Kapitalnachfrage - eine fallende Funktion des Zinssatzes ist.

4.1.3 Kapital- und Gütermarktgleichgewicht

Die Räumung des Gütermarktes verlangt die Übereinstimmung von Güterangebot und Güternachfrage.

$$x_t = c_t + i_t$$

Aufgrund der unterstellten linearen Homogenität der Produktionsfunktion wird der Output x_t vollständig auf beide Faktoren verteilt. Berücksichtigt man ferner, daß sowohl die Mitglieder der jungen als auch die der alten Generation zu Konsumzwecken Güter nachfragen (7), folgt wegen (8)

$$w_t + r_t k_t = c_t^1 + (1+r_t)a_t + i_t.$$

Die Diamond-Variante des Modells mit überlappenden Generationen geht davon aus, daß in einer geschlossenen Volkswirtschaft ex post das Realvermögen des Haushaltssektors genau dem Realkapitalstock entspricht.

(17) $a_t = k_t$

Die Gütermarktgleichgewichtsbedingung läßt sich dann mittels (4) und (5) weiter umformen.

(18) $(1+n)a_{t+1} - a_t = i_t$

Ersetzt man i_t gemäß Gleichung (15), folgt

(19) $(1+n)a_{t+1} - a_t = (1+n)k_{t+1} - k_t.$

Substituiert man hingegen den Ausdruck auf der linken Seite von (18) durch (6), folgt unter Berücksichtigung der Verhaltensfunktionen die Kapitalmarktgleichgewichtsbedingung

(20) $s(k_t) = i(r_{t+1}, k_t).$

Bei gegebener Kapitalintensität in der Periode t liegt Gleichgewicht bei einem bestimmten Zinssatz r_{t+1} vor, bei dem entweder der Gütermarkt geräumt wird oder alternativ die Sparpläne des Haushaltssektors mit den Investitionsvorhaben der Unternehmungen in Übereinstimmung stehen. Saldiert man den Altkapitalbestand k_t, der in jeder Periode von der alten an die junge Generation verkauft wird, auf beiden Seiten der Gleichung (19), so läßt sich das Kapitalmarktgleichgewicht unter Berücksichtigung von (17) auch über die Ersparnis der jungen Generation formulieren.

(21) $a_{t+1} = k_{t+1}$ bzw. $\dfrac{s_t^j}{1+n} = k_{t+1}$

Diese bestandsorientierte Betrachtung verlangt, daß die Ersparnis der jungen Generation während der Periode t (das Kapitalangebot) dem optimalen Kapitalstock zu Beginn der Periode t+1 (der Kapitalnachfrage) entsprechen muß. Da s_t^j bei gegebener Zeitpräferenz wegen (4) vom Lohneinkommen der Volkswirtschaft abhängt und k_{t+1} den vom Zinssatz abhängigen optimalen Kapitalstock bezeichnet, folgt

$$(22) \quad \frac{\delta w_t(k_t)}{1+n} = k_{t+1}(r_{t+1}).$$

In (22) wurde ferner die Abhängigkeit des Reallohnsatzes von der Kapitalintensität berücksichtigt. Für einen gegebenen Kapitalstock k_t läßt sich also der Zinssatz bestimmen, für den der optimale Kapitalstock gerade den zinsunelastisch angebotenen Ersparnissen der jungen Generation entspricht.

Diese Überlegung wird durch Abbildung 9 veranschaulicht, wo zunächst das zinsunelastische Sparangebot OH der jungen Generation zu sehen ist. Ferner erscheint der zinsabhängige optimale Kapitalstock als abnehmende Kapitalnachfragefunktion. Kapitalmarktgleichgewicht ist im Punkt A.

Die Gleichungen (20) und (22) erfassen das Kapitalmarktgleichgewicht - als Spiegelbild zum Gütermarktgleichgewicht - in einer strom- bzw. bestandsorientierten Betrachtungsweise. Nach (22) erfolgt in jeder Periode eine neue Finanzierung des gewünschten optimalen Kapitalstocks durch eine Wertpapierausgabe an die Mitglieder der jungen Generation. Mit den Erlösen dieser Emission werden zunächst die alten Kapitalstockbesitzer, d.h. die alte Generation, ausbezahlt.[1] Zusätzlich läßt sich auch noch die Nettoinvesti-

---

1) Außerdem erhält die alte Generation aus den laufenden Verkaufserlösen eine Entlohnung für den Einsatz des Kapitalstocks, d.h. für die Bereitstellung ihrer Ersparnisse.

Abb. 9: Bestimmung des Zinssatzes in der geschlossenen Volkswirtschaft

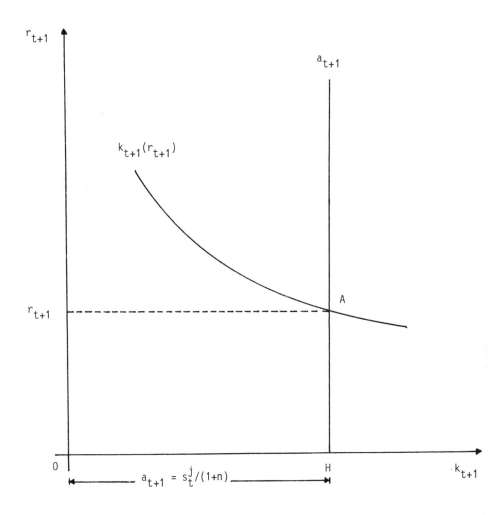

tion des Unternehmenssektors finanzieren. Die Unternehmungen müssen bei diesem Ablauf in jeder Periode zwischen der alten und der neuen Generation umschulden. Diese Umschuldung entfällt bei der Strombetrachtung (20), wo ohne Beteiligung des Unternehmenssektors der Altkapitalbestand von der alten Generation an die junge verkauft wird. Als gesamtwirtschaftliche Ersparnis steht für die Investitionsfinanzierung nur der Saldo aus dem Sparen der Jungen und dem Entsparen der Alten zur Verfügung.

4.1.4 Stabilität und Steady-State

Aus Abbildung 9 wird deutlich, daß für eine historisch gegebene Kapitalintensität k_t der Gleichgewichtszinssatz r_{t+1} am Kapitalmarkt bestimmt wird und simultan die optimale Kapitalintensität k_{t+1} für die nächste Periode gefunden werden kann.
Bei gegebenem Arbeits- und Kapitaleinsatz in der Periode t, d.h. gegebener Kapitalintensität k_t, bestimmt die Grenzproduktivitätsentlohnung den Reallohnsatz w_t und somit das Lohneinkommen der Volkswirtschaft. Der Teil δ dieses Lohneinkommens wird gespart und bildet das Vermögen zu Beginn der Periode t+1, welches im Gleichgewicht mit dem Kapitalstock K_{t+1} übereinstimmt. Bei exogen gegebener Wachstumsrate des Arbeitsangebotes ergibt sich aufgrund der Vollbeschäftigungsannahme die Kapitalintensität der Periode t+1.
Im allgemeinen wird dabei $k_t \neq k_{t+1}$ gelten, so daß eine Folge von im Zeitablauf sich ändernden Kapitalintensitäten erzeugt wird.
Die Dynamik des Systems läßt sich formal durch die aus der Güter- bzw. Kapitalmarktgleichgewichtsbedingung abgeleiteten nichtlinearen Differenzengleichung erster Ordnung

(22) beschreiben. Diese Differenzengleichung ist stabil[1], wenn die folgende Bedingung erfüllt ist:

(23) $\quad \dfrac{dk_{t+1}}{dk_t} = \dfrac{\delta w_k(k_t)}{1+n} < 1$

Das Wachstumsgleichgewicht besteht aus der Folge momentaner Gleichgewichte, bei denen sich die Kapitalintensität nicht verändert, d.h. $k_{t+1} = k_t$ gilt. Damit bleiben aber auch w_t, r_t, c_t^1 und c_t^2 für alle t konstant. Man kann die Unabhängigkeit von t ausdrücken, indem man die Zeitindizes in den Gleichungen des Systems momentaner Gleichgewichte wegläßt.

Aus der Verbindung von (22) mit (11) folgt dann eine Gleichung, die die Kapitalintensität im Steady-State bestimmt.

(24) $\quad (1+n)k = \delta[x(k) - k\, x_k(k)]$

Alle anderen Modellvariablen sind im Wachstumsgleichgewicht ausschließlich eine Funktion dieser Kapitalintensität.[2]

Unter der speziellen Annahme einer linear-homogenen Cobb-Douglas-Produktionsfunktion gilt bekanntlich

(25) $\quad w = \beta x \quad$ und $\quad rk = \alpha x$

---

1) Ein Beweis der Existenz und Eindeutigkeit findet sich bei Carmichael (1979), S. 34 ff.

2) Das sich aufgrund dezentraler Planung ergebende Wachstumsgleichgewicht ist in der Regel nicht optimal im Sinne eines maximalen Steady-State-Nutzenniveaus. Ursache dafür ist die Doppelrolle des Kapitals als Produktionsfaktor und einziges Wertaufbewahrungsmittel. Die Beseitigung dieser Suboptimalität durch den Staat ist Gegenstand einer Reihe von Arbeiten. Vgl. beispielsweise Stein (1969), Ihori (1978) und Michaelis (1989).

Die Steady-State-Werte der Systemvariablen lassen sich dann in Abhängigkeit der Modellparameter angeben. Aus (24) in Verbindung mit (25) folgt beispielsweise ein einfacher Ausdruck für den Zinssatz.

(26) $\quad r = \dfrac{(1+n)\alpha}{\delta\beta}$

Die Stabilitätsbedingung (23) vereinfacht sich im Cobb-Douglas-Fall zu

(27) $\quad \dfrac{dk_{t+1}}{dk_t} = \dfrac{\delta\beta r_t}{1+n} < 1.$

Sie ist in der Umgebung des Steady-States klarerweise erfüllt, wie sich durch Einsetzen von (26) in (27) leicht zeigen läßt.

4.2 Ein Modell der Weltwirtschaft mit überlappenden Generationen

Zwei Länder stehen über einen Weltgüter- und einen Weltkapitalmarkt in Verbindung miteinander. Für das Inland gilt die Notation aus dem vorherigen Abschnitt, ausländische Variablen werden durch einen Stern gekennzeichnet. Im In- und Ausland wird mittels der Produktionsfaktoren Arbeit und Kapital ein identisches Gut hergestellt. Die Produktionsfunktionen beider Länder sind linear-homogen und weisen die bekannten neoklassischen Eigenschaften auf. Aufgrund der angenommenen linearen Homogenität lassen sie sich in Pro-Kopf-Form schreiben:

(28) $x_t = \lambda f(k_t) = x(k_t)$ und $x_t^* = \lambda^* f^*(k_t^*) = x^*(k_t^*)$.

Der Einfachheit halber sei ein gleich großes Arbeitsangebot in beiden Ländern unterstellt, d.h. $L_t = L_t^*$, das vollbeschäftigt wird und mit der gemeinsamen Rate n wächst. Internationale Wanderungen des Faktors Arbeit werden ausgeschlossen. Für den Faktor Kapital gilt hingegen perfekte Mobilität.
Sowohl inländische als auch ausländische Unternehmer maximieren den Ertragswert ihres Unternehmens. Zur Finanzierung der Investitionen werden in beiden Ländern Wertpapiere ausgegeben, die vollkommene Substitute darstellen.

Die jungen In- bzw. Ausländer maximieren ihre landesspezifische Nutzenfunktion (2) unter der Nebenbedingung (3). In- und Ausländer können dabei eine unterschiedlich große Zeitpräferenz besitzen. Jedes Mitglied der jungen Generation des Inlandes (Auslandes) spart somit den konstanten Teil δ (δ*) seines Lohneinkommens während der Arbeitsperiode.

(29) $s_t^j = \delta w_t$ und $s_t^{j*} = \delta^* w_t^*$

Im Gegensatz zur geschlossenen Volkswirtschaft sind die jungen Sparer in einer offenen Volkswirtschaft nicht darauf angewiesen, ihre Ersparnis in inländischen Wertpapieren anzulegen, da sie außerdem noch die Möglichkeit besitzen, ausländische Wertpapiere zu kaufen. Bei ihrer Entscheidung, wie sie ihr Vermögen auf in- und ausländische Wertpapiere aufteilen sollen, werden Kapitalanleger i.a. Ertrag und Risiko beider Anlagen miteinander vergleichen. Da hier in- und ausländische Wertpapiere als vollkommene Substitute modelliert sind und Risikoaspekte nicht betrachtet werden, muß - in Abwesenheit möglicher Preisänderungen - ein einheitlicher Weltmarktzins, d.h. $r_{t+1} = r_{t+1}^*$, gelten.

Aus dem Investitionsverhalten der Unternehmungen, welche die Grenzproduktivität ihres optimalen Kapitalstocks dem einheitlichen Weltmarktzins angleichen, resultiert eine Beziehung zwischen den optimalen Kapitalstöcken des In- und Auslandes

(30) $x_k(k_{t+1}) = x_{k*}^*(k_{t+1}^*) = r_{t+1}$,

die zu jedem Zeitpunkt erfüllt ist.

4.2.1 Güter- und Kapitalmarktgleichgewicht in der offenen Volkswirtschaft

Während in der geschlossenen Volkswirtschaft Reinvermögen (= Ersparnis der Erwerbstätigen) und Sachvermögen (= Kapitalstock) eines Landes übereinstimmen, werden in der offenen

Volkswirtschaft im Regelfall diese Größen voneinander abweichen. Die Differenz wird als Auslandsposition bezeichnet.

(31) $\quad z_t = a_t - k_t \quad ; \quad z_t^* = a_t^* - k_t^*$

Im Fall einer positiven Auslandsposition spricht man von Auslandsforderungen bzw. von einem Gläubigerland, bei einer negativen Auslandsposition von Auslandsschulden bzw. einem Schuldnerland.
Ex post muß natürlich einer positiven Auslandsposition des Inlandes eine negative Auslandsposition des Auslandes in gleicher Höhe entsprechen (oder umgekehrt).

(32) $\quad z_t = -z_t^*$

Die Summe der Reinvermögen beider Länder stimmt also mit dem Weltsachvermögen überein.

(33) $\quad a_t + a_t^* = k_t + k_t^*$

Da auf Auslandsschulden Zinsen zu zahlen sind, ist zwischen dem Sozialprodukt y_t (y_t^*) (= Volkseinkommen) und dem Inlandsprodukt x_t (x_t^*) eines Landes zu unterscheiden.

(34) $\quad y_t = x_t + r_t\, z_t = w_t + r_t\, a_t$

$\quad\quad\quad y_t^* = x_t^* - r_t\, z_t = w_t^* + r_t\, a_t^*$

Gleichgewicht auf dem Weltgütermarkt liegt vor, wenn das Weltgüterangebot gleich der Weltgüternachfrage ist.

(35) $\quad x_t + x_t^* = c_t + i_t + c_t^* + i_t^*$

Da die Handelsbilanz die Differenz von Inlandsprodukt und

inländischer Absorption beschreibt, d.h. $h_t = x_t - c_t - i_t$ und eine entsprechende Beziehung für das Ausland gilt, läßt sich die Gütermarktgleichgewichtsbedingung (35) auch in der Form

(36) $\quad h_t(r_{t+1}) = -h_t^*(r_{t+1})$

schreiben. Die Überschußnachfrage eines Landes muß durch ein Überschußangebot des anderen Landes ausgeglichen werden.
Die Differenz zwischen Sozialprodukt und inländischer Absorption entspricht dem Leistungsbilanzsaldo.

(37) $\quad q_t = y_t - c_t - i_t$

$\quad\quad\quad q_t^* = y_t^* - c_t^* - i_t^*$

Die Handelsbilanz entspricht der Differenz zwischen Leistungsbilanz und Dienstleistungsbilanz.
Ausgehend von (35) erhält man unter Berücksichtigung von (34) und (37) eine zu (36) äquivalente Formulierung der Gütermarktgleichgewichtsbedingung.

(38) $\quad q_t(r_{t+1}) = -q_t^*(r_{t+1})$

Gleichung (38) besagt, daß in der offenen Volkswirtschaft ein Land in einer Periode nur mehr als sein Sozialprodukt absorbieren kann, sofern das andere Land zu einer Unterabsorption bereit ist.
Das Volkseinkommen der Inländer setzt sich zusammen aus Lohneinkommen und Zinseinkommen (34). Beim Konsum der Inländer ist zwischen dem der Jungen und dem der Alten zu unterscheiden. Daher folgt für den Leistungsbilanzsaldo des Inlandes

$$q_t = w_t + r_t a_t - c_t^1 - \frac{1}{(1+n)} c_{t-1}^2 - i_t.$$

Die Alten konsumieren in Höhe ihrer Ersparnis zuzüglich erhaltener Zinszahlungen auf ihr Vermögen entsprechend Gleichung (8). Somit folgt

$$q_t = w_t - c_t^1 + r_t a_t - (1+r_t)a_t - i_t.$$

Nach wenigen Umformungen läßt sich die Leistungsbilanz als Differenz von gesamtwirtschaftlicher Ersparnis und Investition schreiben.

(39) $\quad q_t = s_t - i_t$

Diese Formulierung ist aus der makroökonomischen Theorie offener Volkswirtschaften bekannt.

Bei Verwendung von (6) und (15) ergibt sich

(40) $\quad q_t = (1+n)a_{t+1} - a_t - [(1+n)k_{t+1} - k_t].$

Da (31) in jeder Periode gültig ist, kann man (40) auch durch Verwendung der Auslandsposition ausdrücken.

(41) $\quad q_t = (1+n)z_{t+1} - z_t$

Der Leistungsbilanzsaldo ergibt sich als Änderungsrate der Nettoposition eines Landes. Diese Formulierung ist aus dem volkswirtschaftlichen Rechnungswesen bekannt. Aus der Verknüpfung beider Formulierungen folgt, daß der Leistungsbilanzsaldo dem Saldo der Kapitalbilanz entspricht.
Ein Gleichgewicht auf dem Weltkapitalmarkt ist dann gegeben, wenn die Weltersparnis (gesamtwirtschaftlich) gleich der

Weltinvestition ist (solange das Weltangebot an produzierten Gütern mit der Weltnachfrage übereinstimmt).

(42) $s_t + s_t^* = i_t + i_t^*$

Die Variable, die für das Gleichgewicht sorgt, ist der Weltmarktzins r_{t+1}.

4.2.2 Bestimmung des Zinssatzes am Weltkapitalmarkt

Die Formulierung des Kapitalmarktgleichgewichts erfolgt nun über die Ersparnis der jungen Generation während der Periode t, die dem Pro-Kopf-Reinvermögen einer Nation zu Beginn der Periode t+1 entspricht.

(43) $a_{t+1}^j = s_t^j/(1+n)$ und $a_{t+1}^{j*} = s_t^{j*}/(1+n)$

Bei einem Gleichgewicht am Weltkapitalmarkt muß der Weltmarktzins dieses Kapitalangebot der optimalen Kapitalnachfrage der Unternehmungen beider Länder anpassen. Dies läßt sich schreiben:

(44) $\dfrac{s_t^j}{1+n} + \dfrac{s_t^{j*}}{1+n} = k_{t+1} + k_{t+1}^*$

Hierbei sind die Kapitalintensitäten Funktionen des Zinssatzes.

Die Darstellung in Abbildung 10 erläutert die Bestimmung des Zinssatzes am Weltkapitalmarkt. Sie zeigt die Ersparnis der jungen Generation und den gewünschten Kapitalstock für jeweils beide Länder in Abhängigkeit vom Weltmarktzins. Mit Bezug zum Koordinatenursprung 0 bzw. 0*

Abb. 10: Zinsbestimmung am Weltkapitalmarkt

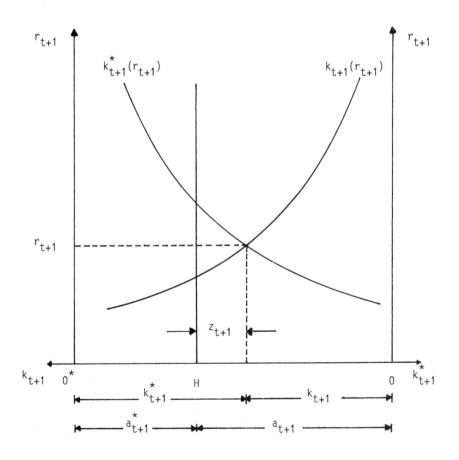

erscheint die zinsunelastische Ersparnis der jungen Generation des In- bzw. Auslandes. Somit mißt der Streckenabschnitt OH (O*H*) das Reinvermögen der Inländer (Ausländer) zu Beginn der Periode t+1. Ebenfalls mit Bezug zum jeweiligen Ursprung wird der für die Periode t+1 gewünschte Kapitalstock des In- bzw. Auslandes als abnehmende Funktion des Weltmarktzinses dargestellt. Beim Gleichgewichtszins wird zunächst deutlich, daß die Weltersparnis (der jungen Generation) der Weltkapitalnachfrage entspricht.

(45) $\quad a_{t+1} + a^*_{t+1} = k_{t+1} + k^*_{t+1}$

Außerdem ist zu erkennen, daß ein einheitlicher Weltmarktzins unter der Annahme eines relativ stark sparenden Inlandes nur ermöglicht wird, wenn das Inland einen Teil seiner Ersparnis im Ausland anlegen kann und damit Besitztitel des im Ausland installierten Kapitalstocks erwirbt. Die Auslandsinvestition des Inlandes erscheint als Auslandsforderung $z_{t+1} = a_{t+1} - k_{t+1} > 0$. Aus der Sicht des Auslandes ist eine Verbindlichkeit in gleicher Höhe entstanden, $a^*_{t+1} - k^*_{t+1} = -z_{t+1} < 0$.
Unter Berücksichtigung der zugrundeliegenden Verhaltensfunktionen läßt sich das Kapitalmarktgleichgewicht auch über einen Ausgleich der Auslandspositionen erfassen.

(46) $\quad z_{t+1}(r_{t+1}) + z^*_{t+1}(r_{t+1}) = 0$

4.2.3 Stabilität und Steady-State in der offenen Volkswirtschaft

Ausgehend von der in Bestandsgrößen formulierten Kapitalmarktgleichgewichtsbedingung (44) folgt in Verbindung mit (29), (30) und Rückdatierung von (30) eine nichtlineare

Differenzengleichung erster Ordnung, die die zeitliche Entwicklung der inländischen Kapitalintensität beschreibt. Die Folge der k_t konvergiert in der Umgebung des Steady-States gegen den Steady-State k, wenn

(47) $\quad \dfrac{dk_{t+1}}{dk_t} = \dfrac{\delta w_k \, x^*_{kk*} + \delta^* \, w^*_{k*} \, x_{kk}}{(1+n)\,(x_{kk} + x^*_{kk*})} < 1$

gilt.[1]

Alle anderen Variablen des Modells lassen sich als Funktion der inländischen Kapitalintensität ausdrücken. Aus dem Investitionsverhalten der Unternehmen und der Annahme eines einheitlichen Weltmarktzinses folgt die ausländische Kapitalintensität.

(48) $\quad x_k(k) = x^*_k(k^*) = r$

Aus der Sparfunktion der In- bzw. Ausländer erhält man das jeweilige Pro-Kopf-Vermögen im Steady-State.

(49) $\quad a = \dfrac{\delta w(k)}{(1+n)}$

(50) $\quad a^* = \dfrac{\delta^* w^*(k^*)}{(1+n)}$

Zusammen mit (48), (49) und (50) bestimmt die Kapitalmarktgleichgewichtsbedingung

(51) $\quad a - k = k^* - a^*$

die inländische Kapitalintensität und mittels (48) den Weltmarktzins.

---

1) Wie später noch gezeigt wird, sind auch Existenz und Eindeutigkeit des Steady-States gewährleistet.

Die Auslandsposition ergibt sich als Differenz zwischen Reinvermögen und Kapitalstock.

(52) $\quad z = a - k \quad ; \quad z^* = a^* - k^*$

Investition und gesamtwirtschaftliche Ersparnis lassen sich im Steady-State sehr einfach darstellen.

(53) $\quad i = nk \quad ; \quad s = na$
$\quad\quad\;\; i^* = nk^* \quad ; \quad s^* = na^*$

Ein Ausdruck für die Leistungsbilanz pro Kopf läßt sich aus (39) unter Berücksichtigung von (53) herleiten. Die Handelsbilanz entspricht der Differenz von Leistungs- und Dienstleistungsbilanz.

(54) $\quad q = na - nk = nz$

(55) $\quad h = (n - r)z$

Die Vorzeichen von Leistungsbilanz- und Handelsbilanzsaldo sind somit zunächst vom Vorzeichen der Nettoposition z abhängig. Der Handelsbilanzsaldo wird ferner durch das Vorzeichen der Differenz (n - r) festgelegt.

In Abbildung 11 wird nochmals versucht, in Form einer Kreislaufdarstellung die Zusammenhänge zwischen diesen ökonomischen Größen für den Fall eines Gläubigerlandes, das zusätzlich einen Handelsbilanzüberschuß aufweist, aufzuzeigen.

Abb. 11: Kreislauf des Modells einer offenen Volkswirtschaft mit überlappenden Generationen

Fall: Gläubigerland ($z > 0$) mit Handelsbilanzüberschuß ($h > 0$)

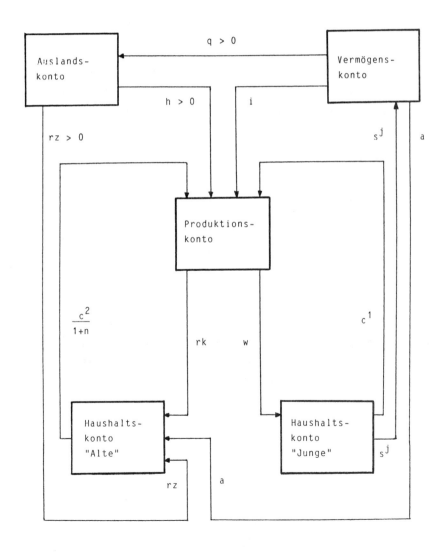

4.3 Das Zwei-Länder-Modell bei identischen Produktionsfunktionen

Dem Buiter-Ansatz folgend sei zunächst der Fall betrachtet, daß beide Länder mit gleicher Technologie produzieren.

(56) $\quad x_t = x(k_t)$

$\quad\quad\; x_t^* = x(k_t^*)$

Bei einheitlichem Weltmarktzins und identischen Produktionsfunktionen stimmen aufgrund des Investitionsverhaltens der Unternehmen die Kapitalintensitäten und somit auch die Pro-Kopf-Inlandsprodukte beider Länder zu jeder Zeit überein.[1]

(57) $\quad k_t = k_t^*$ und $\quad x_t = x_t^*$

Da die Faktoren gemäß ihrer Grenzproduktivität entlohnt werden, gilt zudem in beiden Ländern ein einheitlicher Reallohnsatz.

(58) $\quad w_t = w_t^* = x_t - x_k(k_t)\, k_t = w(k_t)$

$\quad\quad\;$ mit $\; r_t = x_k(k_t)$

In- und Ausland unterscheiden sich ausschließlich in der Höhe der Zeitpräferenz, wobei weiterhin unterstellt sei, daß der Sparentscheidung der jungen In- und Ausländer jeweils eine Nutzenfunktion vom Cobb-Douglas-Typ zugrundeliegt.[2]

---

1) Wegen $L_t = L_t^*$ folgt aus der Gleichheit von Pro-Kopf-Größen auch die Übereinstimmung der jeweiligen absoluten Größen.
2) Buiter (1981) stellt weniger restriktive Anforderungen an die Nutzenfunktionen. Er setzt nur voraus, daß sie additiv separabel sind.

Bei unterschiedlichen Sparneigungen wird daher der Reinvermögensbestand des Inlandes zu jeder Zeit von dem des Auslandes abweichen. Aus dem Sparverhalten folgt bei gleichem Reallohnsatz eine jederzeit gültige Beziehung zwischen den Pro-Kopf-Vermögensbeständen der In- und Ausländer.

(59) $\quad a^*_{t+1} = \frac{\delta^*}{\delta} a_{t+1}$

Das Land mit der höheren Sparneigung verfügt also über das größere Reinvermögen. Nur bei identischen Sparneigungen stimmen die Reinvermögensbestände beider Länder überein.

Aus der Definitionsgleichung für die inländische Auslandsposition

$$z_{t+1} = a_{t+1} - k_{t+1}$$

folgt unter Berücksichtigung des Sparverhaltens ein Ausdruck für die Pro-Kopf-Auslandsposition des Inlandes.

(60) $\quad z_{t+1} = \frac{\delta}{1+n} w(k_t) - k_{t+1}.$

Völlig analog vorgehend ergibt sich ein Ausdruck für die Pro-Kopf-Auslandsposition des Auslandes.

(61) $\quad z^*_{t+1} = \frac{\delta^*}{1+n} w(k_t) - k_{t+1}.$

Im Kapitalmarktgleichgewicht muß einer positiven Auslandsposition eines Landes eine negative Auslandsposition des anderen Landes in gleicher Höhe entsprechen.

$$z_{t+1} = -z^*_{t+1}.$$

Setzt man (60) und (61) in diese Gleichung ein, gelangt man zu der Differenzengleichung (62), die die zeitliche Entwicklung der Kapitalintensität und somit aller anderen Systemvariablen für den Fall identischer Produktionstechnologien beschreibt.

(62) $\quad k_{t+1} = \frac{\delta + \delta^*}{(1+n)\,2}\, w(k_t)$

Unter Benutzung dieser Differenzengleichung läßt sich die inländische Auslandsposition z_{t+1} sowohl in Abhängigkeit der Kapitalintensität k_{t+1}

(63) $\quad z_{t+1} = \frac{\delta - \delta^*}{\delta + \delta^*}\, k_{t+1}$

als auch in Abhängigkeit von der Kapitalintensität der Vorperiode k_t

(64) $\quad z_{t+1} = \frac{\delta - \delta^*}{(1+n)\,2}\, w(k_t)$

schreiben. Aus (63) bzw. (64) ist zu entnehmen, daß das Vorzeichen der Auslandsposition ausschließlich durch die Differenz ($\delta - \delta^*$) bestimmt wird. Sparen die jungen Inländer einen größeren Teil ihres Lohneinkommens als die jungen Ausländer, dann ist das Inland Gläubigerland. Gilt hingegen $\delta < \delta^*$, ist das Inland Schuldnerland. Nur für den Fall identischer Spareigungen in beiden Ländern ist die Auslandsposition ausgeglichen.

4.3.1 Stabilität und Steady-State

Durch die Annahme identischer Produktionsfunktionen vereinfacht sich die Stabilitätsbedingung (47) erheblich. Die Folge momentaner Gleichgewichte konvergiert gegen den

Steady-State, wenn

(65) $\quad \dfrac{dk_{t+1}}{dk_t} = \dfrac{\delta + \delta^*}{(1+n)\,2}\, w_k(k_t) < 1$

gilt. Es sei angenommen, daß die Bedingung (65) erfüllt ist.

Unter Vernachlässigung der Zeitindizes folgt aus der Differenzengleichung (62) eine Gleichung, die die Kapitalintensität im Steady-State bestimmt.

(66) $\quad k = \dfrac{\delta + \delta^*}{(1+n)\,2}\, w(k)$

Lokale Stabilität ist auf jeden Fall bei Annahme identischer Cobb-Douglas-Produktionsfunktionen in beiden Ländern gewährleistet. Ersetzt man w in Gleichung (66) gemäß (25), ergibt sich

$$k = \dfrac{\delta + \delta^*}{(1+n)\,2}\, \beta x(k).$$

Den entsprechenden Weltmarktzins in Abhängigkeit der Modellparameter erhält man durch Substitution von r gemäß (25).

$$r = \dfrac{\alpha(1+n)\,2}{(\delta + \delta^*)\beta}$$

Da für eine Cobb-Douglas-Produktionsfunktion

$$w_k = \beta r$$

gilt, ist folglich die Stabilitätsbedingung in der Umgebung des Steady-State erfüllt, wie sich leicht nachprüfen läßt.

4.3.1.1 Die Darstellung im a,a*-Raum

Das Wachstumsgleichgewicht läßt sich in einem a,a*-Diagramm (Abbildung 12) darstellen. Die Kapitalintensitäten beider Länder erscheinen in Punkt K, wobei die Koordinaten von K die Gleichung (66) erfüllen. Durch den Ursprung und den Punkt K verläuft eine Gerade, die die Kombinationen von a und a* beschreibt, bei denen die Auslandsposition gleich null ist und die Kapitalgrenzproduktivitäten beider Länder übereinstimmen ($k = k*$).[1]
Ebenfalls durch den Punkt K geht die Gerade des konstanten Weltvermögens.[2] Sie wird in Punkt A geschnitten von einem Fahrstrahl aus dem Ursprung mit dem Anstieg ξ. Die Steigung dieses Strahls

$$tg\ \xi = \delta*/\delta$$

spiegelt das Verhältnis von aus- und inländischem Pro-Kopf-Vermögen wider.[3]

Man erhält die Auslandsposition als Differenz der jeweiligen Koordinatenwerte von Punkt K und A. Offensichtlich ist das Vorzeichen der Auslandsposition nur von der Differenz ($\delta - \delta*$) abhängig.
In der Abbildung 12 ist der Fall $\delta > \delta*$ eingezeichnet. Die Steigung des Fahrstrahls OA ist folglich kleiner als eins, und das Inland ist Gläubigerland.
Übersteigt hingegen die Sparneigung der Ausländer die der

---

1) Aus $k = k*$ folgt $a - z = a* + z$. Für $z = 0$ gilt dann $a = a*$ bzw. $a = k$ und $a* = k*$. die Gerade OK beschreibt also im a,a*-Diagramm die Kombinationen von k und k*.
2) Für die Weltvermögensgerade gilt folglich $a + a* = $ const., wobei der Abstand der Geraden vom Ursprung durch k bestimmt wird.
3) Gleichung (59) gilt für alle t und somit auch im Steady-State.

Abb. 12: Reinvermögen und Auslandsposition im Steady-State: Der Fall unterschiedlicher Zeitpräferenzen und gleicher Technologien

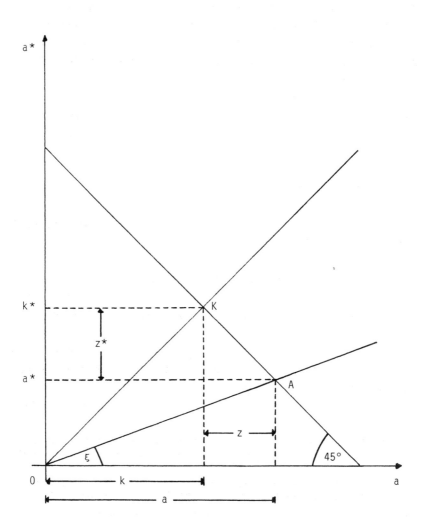

Inländer ($\delta^* > \delta$), schneidet der Fahrstrahl die Weltvermögensgerade links von Punkt K, das Inland ist Schuldnerland. Bei identischen Spareigungen in beiden Ländern ist die Steigung des Fahrstrahls gleich eins und fällt mit der OK-Geraden zusammen. Die Weltwirtschaft besteht dann aus zwei völlig autarken Ländern mit jeweils ausgeglichener Auslandsposition.

4.3.1.2 Die Darstellung im z,k-Raum

In Abbildung 13 wird eine alternative Darstellung des Wachstumsgleichgewichts im Raum der Zustandsvariablen z und k gegeben. Zunächst erscheint die Auslandsposition des Inlandes z als Funktion von k. Die der Kurve OP zugrundeliegende Gleichung folgt aus (60) unter Vernachlässigung der Zeitindizes.

(67) $\quad z = \frac{\delta}{1+n} w(k) - k$

Sie beginnt im Ursprung, besitzt ein Maximum bei

$$\frac{\delta}{1+n} w_k(k) = 1$$

und schneidet die k-Achse im Punkt

$$\frac{\delta}{1+n} w(k) = k.$$

Die Gleichung für die Kurve OP* ergibt sich entsprechend aus (61).

(68) $\quad z = -z^* = k - \frac{\delta^*}{1+n} w(k)$

Im Fall vollständig identischer Länder, der in Abbildung 13a abgetragen ist, verlaufen die beiden Kurvenzüge völlig

Abb. 13: Auslandsposition und inländisches Sachvermögen
im Steady-State

a) $z = 0$

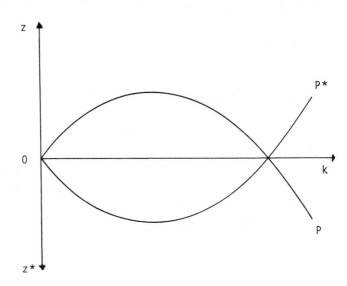

b) $z > 0$

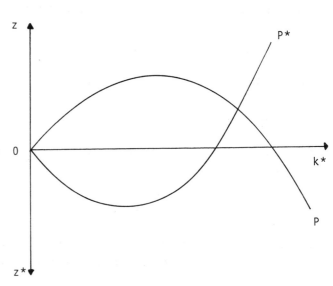

symmetrisch zur k-Achse, und es wird ersichtlich, daß bei
gleichen Spareigungen keine Auslandsverschuldung möglich
ist. Dagegen fallen die Nullstellen der OP- und OP*-Funktionen bei abweichenden Spareigungen auseinander. Es ergibt sich eine Gläubigerposition für $(\delta - \delta^*) > 0$ bzw.
eine Schuldnerposition des Inlandes für $(\delta - \delta^*) < 0$.
Der Fall einer inländischen Gläubigerposition ist in Abbildung 13b dargestellt.

4.3.2 Der Konsumschock - komparative Statik und der Anpassungspfad zum neuen Steady-State

Ausgehend von einem Wachstumsgleichgewicht in der Ausgangssituation soll nun untersucht werden, welchen Einfluß eine Änderung des Sparverhaltens auf die Steady-State-Größen von Kapitalintensität, Pro-Kopf-Vermögen und Pro-Kopf-Auslandsposition hat. Zudem soll der Anpassungspfad vom alten zum neuen Steady-State beschrieben werden. Ohne Beschränkung der Allgemeinheit sei hierbei angenommen, daß sich die Spareigung der Inländer erhöht.
Differentiation von (66) nach δ ergibt

(69) $\quad \dfrac{dk}{d\delta} = \dfrac{\delta^* w/(1+n) 2}{(1 - \frac{\delta + \delta^*}{(1+n) 2} w_k)} \cdot$

Da aufgrund des Investitionsverhaltens die Kapitalintensitäten beider Länder zu jeder Zeit übereinstimmen, gilt
bei Stabilität

$\dfrac{dk}{d\delta} = \dfrac{dk^*}{d\delta} > 0.$

Sowohl in- als auch ausländische Kapitalintensität erhöhen
sich langfristig, wenn die Spareigung der Inländer steigt.

Das gleiche Ergebnis erhält man auch bei einer größer werdenden Sparneigung der Ausländer. Die Erhöhung der Kapitalintensität wird wegen

$$\frac{dr}{d\delta} = x_{kk}(k) \frac{dk}{d\delta} < 0$$

von einer Senkung des Weltmarktzinses begleitet.

4.3.2.1 <u>Die Darstellung im a,a*-Diagramm</u>

Aufgrund der in beiden Ländern gleichermaßen gestiegenen Kapitalintensität verschiebt sich die Weltvermögensgerade in Abbildung 14 nach außen, während die Gerade, die das Verhältnis von aus- und inländischer Kapitalintensität beschreibt, von der δ-Variation unberührt bleibt. Das Verhältnis der Reinvermögensbestände verbessert sich hingegen zugunsten des Inlandes, wenn δ größer wird. Die Steigung des Fahrstrahls tg ξ verringert sich, der Fahrstrahl dreht sich um den Ursprung in Uhrzeigerrichtung.
Die im In- und Ausland identischen Kapitalintensitäten des neuen Steady-State erscheinen als Koordinaten des Punktes K', die neuen Pro-Kopf-Vermögensbestände als Koordinaten des Punktes A'.
Langfristig ist dabei sowohl das in- als auch das ausländische Pro-Kopf-Vermögen gestiegen.

$$\frac{da}{d\delta} = \frac{w(k)}{(1+n)} + \frac{\delta w_k(k)}{(1+n)} \frac{dk}{d\delta} > 0$$

$$\frac{da^*}{d\delta} = \frac{\delta^* w_k(k)}{(1+n)} \frac{dk}{d\delta} > 0$$

Wie ist diese Entwicklung zu erklären? Ausgehend von einem Wachstumsgleichgewicht mit gegebenen Kapitalintensitäten

Abb. 14: Steady-State und Anpassungspfad nach auftretendem Konsumschock - die Darstellung im a,a*-Diagramm

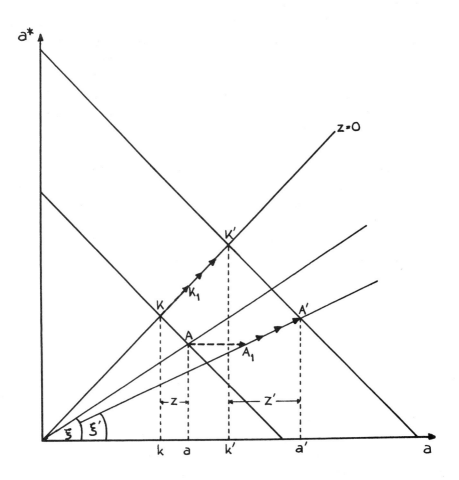

(Punkt K in Abb. 14) und gegebenen Pro-Kopf-Vermögensbeständen (Punkt A in Abb. 14) steigt aufgrund der höheren inländischen Sparneigung zunächst nur das Pro-Kopf-Vermögen der Inländer, das der Ausländer verändert sich nicht (A_1). Das größere Angebot auf dem Weltkapitalmarkt sorgt für eine Zinssatzsenkung, und die Kapitalintensitäten beider Länder steigen gleichermaßen. Natürlich muß dabei die Summe der Länderkapitalstöcke mit dem Weltreinvermögen übereinstimmen. Legt man durch Punkt A_1 eine Weltvermögensgerade, erhält man die Kapitalintensitäten in der Periode nach Auftreten der Störung als Koordinaten von K_1. Eine größere Kapitalintensität erhöht den Reallohnsatz. Somit steigen die Pro-Kopf-Vermögensbestände beider Länder in der nächsten Periode, wobei deren Verhältnis sich nicht mehr ändert. Das erhöhte Angebot auf dem Weltkapitalmarkt sorgt nun für eine weitere Zinssenkung, größere Kapitalintensitäten, usw., bis schließlich der neue Steady-State (Punkt K' bzw. A') erreicht wird.

Die inländische Auslandsposition hat sich in Abbildung 14 durch die größere Sparneigung der Inländer verbessert. Ob dies generell der Fall ist, läßt sich anhand der Darstellung im z,k-Diagramm analysieren.

4.3.2.2 Die Darstellung im z,k-Diagramm

Der entscheidende Einfluß der Veränderung einer landesspezifischen Sparneigung besteht in der Reaktion des Leistungsbilanzsaldos bzw. der Auslandsposition. Eine Vergrößerung der inländischen Sparneigung dreht die Kurve OP in Abbildung 15 um den Ursprung nach oben. Der Schnittpunkt mit der k-Achse wandert nach rechts, während sich die Lage der OP*-Kurve bei Variation von δ nicht verändert. Dieses Ergebnis läßt sich leicht durch totale Differentiation von (67) bzw. (68) mit dk = 0 ableiten.

Abb. 15: Steady-State und Anpassungspfad nach auftretendem Konsumschock - die Darstellung im z,k-Diagramm

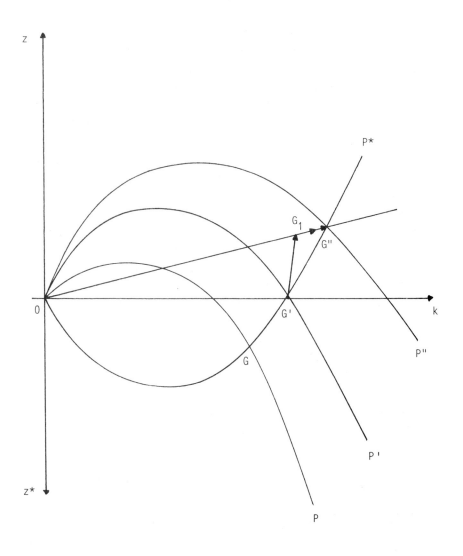

Solange sich der Schnittpunkt der OP- mit der OP*-Kurve in der Ausgangslage nicht links vom Minimum der OP*-Kurve befindet, verbessert sich die inländische Auslandsposition, d.h. vergrößert sich eine im Ausgangszustand bestehende Gläubigerposition bzw. verkleinert sich eine im Ausgangszustand vorliegende Schuldnerposition.

Ausgehend von einem Steady-State mit ausgeglichener Auslandsposition (Punkt G' in Abb. 15) kann der Anpassungspfad zum neuen Steady-State G" folgendermaßen skizziert werden. Aufgrund der erhöhten inländischen Sparneigung steigt zunächst das Pro-Kopf-Vermögen der Inländer, das der Ausländer bleibt unberührt. Der Zinssatz sinkt, und die Kapitalintensitäten beider Länder steigen gleichermaßen. Demzufolge legen Inländer nun Teile ihrer Ersparnis im Ausland an. Das Inland wird zum Gläubigerland (Punkt G_1 in Abb. 15).
Durch die in beiden Ländern höhere Kapitalintensität ergeben sich über den größeren Reallohnsatz Rückwirkungen auf die Vermögensbestände in der nächsten Periode. Da das Inland nach Störung die größere Sparneigung aufweist, erhöht sich das Pro-Kopf-Vermögen der Inländer mehr als das der Ausländer. Dies verstärkt die Verbesserung der inländischen Auslandsposition, da sich die Kapitalintensitäten wiederum nur gleichermaßen erhöhen.
Der Prozeß setzt sich fort. Die Volkswirtschaft bewegt sich auf dem Fahrstrahl OG" zum Steady-State.[1]

Differentiation von (68) bestätigt, daß eine größere Sparneigung nicht zwangsläufig die Auslandsposition eines Landes verbessert.

(70) $\quad \frac{dz}{d\delta} \gtreqless 0 \iff (1 - \frac{\delta^*}{1+n} w_k(k)) \frac{dk}{d\delta} \gtreqless 0$

---

[1] Dem Fahrstrahl OG" liegt die Gleichung (63) zugrunde.

Die Reaktion der Auslandsposition auf eine veränderte Sparneigung hängt von der Ausgangslage ab.

$$\frac{dz}{d\delta} \gtreqless 0 \quad <=> \quad 1 \gtreqless \frac{\delta^*}{1+n} w_k(k)$$

Eine inländische Schuldnerposition kann sich im Ausnahmefall sogar bei zunehmender Sparneigung der Inländer vergrößern. Dieses Sparparadoxon findet seinen geometrischen Beweis in Abbildung 16 und läßt sich wie folgt erklären.

Ausgehend von einem Steady-State mit inländischer Schuldnerposition (Punkt G in Abb. 16) steigt zunächst wiederum nur das Pro-Kopf-Vermögen der Inländer. Das erhöhte Kapitalangebot bewirkt eine Zinssatzsenkung, die Kapitalintensität des In- bzw. Auslandes steigt. Der Vermögensanteil der Inländer am inländischen Kapitalstock wird größer, die Auslandsposition verbessert sich (Punkt G_1 in Abb. 16). Die Inländer sparen nur einen geringen Teil ihres Lohneinkommens, die Ausländer jedoch einen verhältnismäßig großen Teil. Folglich bewirkt die durch die Erhöhung der Kapitalintensität ausgelöste Zunahme des Lohneinkommens eine erhöhte Steigerung des Pro-Kopf-Vermögens im Ausland im Vergleich zum Inland in der nächsten Periode, wodurch die Auslandsschulden des Inlandes im Zeitablauf steigen. Fällt dieser Effekt groß genug aus, kann sich letztendlich eine Verschlechterung der Auslandsposition trotz höherer Sparneigung ergeben.

Schmid/Großmann (1986) zeigen, daß bei Annahme einer Cobb-Douglas-Produktionsfunktion zwei Bedingungen für das Auftreten dieses Falles erfüllt sein müssen. Nur bei einem hinreichend großen Unterschied zwischen den Sparneigungen

Abb. 16: Paradoxe Reaktion der Auslandsposition nach einer Erhöhung der Sparneigung

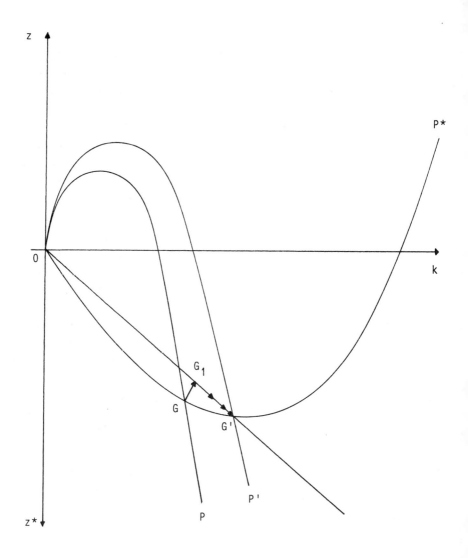

beider Länder ($\delta \ll \delta^*$) und einer sehr großen Produktionselastizität des Kapitals ($\alpha \gg \beta$) ist gewährleistet, daß eine höhere inländische Sparneigung das Pro-Kopf-Vermögen der Ausländer langfristig mehr als das der Inländer vergrößert. Realistischerweise gilt sicherlich eher $\alpha < \beta$, so daß sich im Normalfall die Auslandsposition eines Landes verbessert, wenn dort die Spartätigkeit zunimmt.

4.4 Das Zwei-Länder-Modell bei unterschiedlichen Zeitpräferenzen und Technologien

Die zentrale Aussage der in Abschnitt 4.3 vorgestellten Theorie der Auslandsverschuldung ist klar und einfach. Infolge der Annahme identischer Produktionstechnologien wird die Auslandsverschuldung eines Landes nur bestimmt durch Unterschiede in den Zeitpräferenzen, d.h. durch unterschiedliche landesspezifische Konsumneigungen. Dies ist sicherlich eine wichtige Erkenntnis, vernachlässigt aber, daß Leistungsbilanzsalden auch bei gleichem intertemporalen Konsumverhalten durch Unterschiede im Investitionsverhalten modelliert werden können.
Da der optimale Kapitalstock über die Grenzproduktivität des Kapitals bestimmt wird, ist die modellmäßige Voraussetzung für landesspezifische Unterschiede im Investitionsverhalten in unterschiedlichen nationalen Produktionsfunktionen zu sehen.
Im Gegensatz zu dem im Abschnitt 4.3 behandelten Fall identischer Produktionsfunktionen stimmen nun die Kapitalintensitäten und somit die Pro-Kopf-Inlandsprodukte beider Länder i.a. nicht mehr überein.

$$k_t \neq k_t^*, \quad x_t \neq x_t^*$$

Bei Einbeziehung unterschiedlicher Produktionstechnologien erweist sich eine Darstellung des Systems in den Pro-Kopf-Größen des Reinvermögens als zweckmäßig.
Hierzu wird zunächst die Bedingung (30), die den Ausgleich der Kapitalgrenzproduktivitäten fordert, umgeformt. Ersetzt man die in- und ausländische Kapitalintensität gemäß den Definitionsgleichungen für die Auslandsposition, folgt unter Berücksichtigung der Kapitalmarktgleichgewichtsbedingung (46)

(71) $\quad x_k(a_{t+1} - z_{t+1}) = x^*_{k*}(a^*_{t+1} + z_{t+1}) = r_{t+1}$.

Aus dem Sparverhalten der jungen In- bzw. Ausländer lassen sich zwei Differenzengleichungen ableiten, die die Entwicklung des Pro-Kopf-Vermögens beider Länder beschreiben.

(72) $\quad \Delta a = a_{t+1} - a_t = \frac{\delta}{1+n} w(a_t - z_t) - a_t$

(73) $\quad \Delta a^* = a^*_{t+1} - a^*_t = \frac{\delta^*}{1+n} w^*(a^*_t + z_t) - a^*_t$

Durch Rückdatierung von (71) wird bei gegebenem Pro-Kopf-Vermögen a_t und a^*_t die Auslandsposition z_t bestimmt. Aus (72) und (73) erhält man dann die Pro-Kopf-Vermögensbestände zu Beginn der nächsten Periode a_{t+1} und a^*_{t+1}, somit durch (71) auch die entsprechende Auslandsposition z_{t+1}. Gleichzeitig mit den Reinvermögensgrößen und der Auslandsposition sind natürlich auch die in- und ausländische Kapitalintensität sowie alle anderen Modellvariablen determiniert.

Bei der Analyse in diesem Abschnitt sei vorausgesetzt, daß die Bedingungen

(74) $\quad \frac{\delta}{1+n} w_k(k_t) < 1 \quad$ und $\quad \frac{\delta^*}{1+n} w^*_{k*}(k^*_t) < 1$

erfüllt sind. Hierdurch werden die im vorherigen Abschnitt beschriebenen paradoxen Fälle, daß sich die Auslandsposition eines Landes trotz größerer Sparneigung seiner Erwerbstätigen verschlechtert, aus der Betrachtung ausgeschlossen. Zudem läßt sich zeigen, daß bei Gültigkeit von (74) Existenz, Eindeutigkeit und (lokale) Stabilität des Steady-State im Zwei-Länder-Modell bei unterschiedlichen Zeitpräferenzen und unterschiedlichen Technologien gewährleistet sind, wie noch zu sehen sein wird.

4.4.1 Steady-State - die Darstellung im a,a*-Raum

Konvergiert die Folge momentaner Gleichgewichte gegen den Steady-State, dann ändert sich das Pro-Kopf-Vermögen der In- bzw. Ausländer nicht mehr. Setzen wir $\Delta a = 0$ und $\Delta a^* = 0$, können die Zeitindizes in den Gleichungen (71) - (73) weggelassen werden.

(75)
(a) $\quad x_k(a-z) = x^*_{k^*}(a^* + z) = r$

(b) $\quad \Delta a = 0 = \frac{\delta}{1+n} w(a - z) - a$

(c) $\quad \Delta a^* = 0 = \frac{\delta^*}{1+n} w^*(a^* + z) - a^*$

Bei Vernachlässigung des Zinssatzes haben wir drei Variable a, a* und z, die durch die Gleichungen (75) bestimmt werden. Die Steady-State-Werte der in- und ausländischen Kapitalintensität erhalten wir aus

(76) $\quad k = a - z \quad$ und $\quad k^* = a^* + z$.

Es ist nun von einiger Bedeutung, die Abhängigkeiten der Variablen z, k und k* von den Größen a bzw. a* näher zu charakterisieren. Totale Differentiation der Gleichung (71) ergibt

(77) $\quad dz = \dfrac{x_{kk}\, da - x^*_{kk^*}\, da^*}{x_{kk} + x^*_{kk^*}}$

$\quad$ mit $\dfrac{\partial z}{\partial a} = \left.\dfrac{dz}{da}\right|_{da^*=0} = \dfrac{x_{kk}}{x_{kk} + x^*_{kk^*}} > 0$

$\quad$ und $\dfrac{\partial z}{\partial a^*} = \left.\dfrac{dz}{da^*}\right|_{da=0} = \dfrac{-x^*_{kk^*}}{x_{kk} + x^*_{kk^*}} < 0$.

Durch totale Differentiation von (76) erhält man unter Berücksichtigung von (77)

(78)
$$dk = \frac{x^*_{kk*}}{x_{kk} + x^*_{kk*}} (da + da*)$$
$$dk* = \frac{x_{kk}}{x_{kk} + x^*_{kk*}} (da + da*).$$

Der Anstieg des Reinvermögens eines Landes erhöht sowohl das Sachvermögen als auch die Auslandsposition des betreffenden Landes, wenn das Reinvermögen des anderen Landes als konstant angenommen wird. Die Auslandsposition des anderen Landes muß sich folglich verschlechtern. Der Anstieg der Auslandsposition des einen Landes stimmt natürlich mit dem Zuwachs an Sachvermögen des anderen Landes überein, wenn sich dort das Reinvermögen nicht ändert. Auf einem völlig integrierten Weltkapitalmarkt ist die Art (nicht aber das Ausmaß) der Reaktion des Sachvermögens in beiden Ländern unabhängig vom nationalen Ursprung der Reinvermögensänderung.

Für $z = 0$ gilt $dz = 0$, und man erhält aus (77) die Steigung der in Abbildung 17 erscheinenden z-Kurve, die die Kombinationen von a und a* beschreibt, bei denen eine ausgeglichene Auslandsposition vorliegt.

$$\left. \frac{da*}{da} \right|_{z=0} = \frac{dk*}{dk} = \frac{x_{kk}}{x^*_{kk*}} > 0$$

Da zudem bei ausgeglichener Auslandsposition Reinvermögen und Kapitalstock im In- und Ausland übereinstimmen, läßt sich die z-Kurve auch als Darstellung der Kombinationen von k und k* im a,a*-Diagramm deuten, bei denen der Ausgleich der Kapitalgrenzproduktivitäten gewährleistet ist. Punkte rechts von der z-Kurve repräsentieren a,a*-Kombinationen mit positiver inländischer Auslandsposition, das

Inland ist dann Gläubigerland. Punkte links von dieser Kurve stellen dementsprechend a,a*-Kombinationen mit negativer inländischer Auslandsposition dar.

Die a-Kurve in Abbildung 17, deren Verlauf durch die Gleichung (75b) bestimmt wird, beschreibt die Kombinationen von a und a*, bei denen sich das inländische Pro-Kopf-Vermögen nicht ändert, d.h. $\Delta a = 0$ gilt. Sie besitzt einen **Schnittpunkt** mit der z-Kurve bei

$$a = \frac{\delta}{1+n} w(a),$$

dessen eindeutige Existenz aufgrund der Eigenschaften der Produktionsfunktion gewährleistet ist.
Partielle Differentiation von (72) ergibt

$$\frac{\partial \Delta a}{\partial a} = \frac{\delta}{1+n} w_k \left(1 - \frac{\partial z}{\partial a}\right) - 1$$

$$= \frac{\delta}{1+n} w_k \frac{x^*_{kk*}}{x_{kk} + x^*_{kk*}} - 1 < 0$$

$$\frac{\partial \Delta a}{\partial a^*} = \frac{\delta}{1+n} w_k \left(-\frac{\partial z}{\partial a^*}\right)$$

$$= \frac{\delta}{1+n} w_k \frac{x^*_{kk*}}{x_{kk} + x^*_{kk*}} > 0.$$

Durch Anwendung der Regel zur Differentiation impliziter Funktionen erhält man die Steigung der a-Kurve.

(79) $\quad \frac{da^*}{da}\bigg|_{\Delta a=0} = -\left(\frac{\partial \Delta a}{\partial a} \bigg/ \frac{\partial \Delta a}{\partial a^*}\right) > 0$

Die Eindeutigkeit des Vorzeichens folgt aus der Gültigkeit der Voraussetzungen in (74). Ein Vergleich der Steigung der a-Kurve mit der Steigung der z-Kurve ergibt, daß die Stei-

Abb. 17: Reinvermögen und Auslandsposition im Steady-State: Der Fall unterschiedlicher Zeitpräferenzen und Technologien

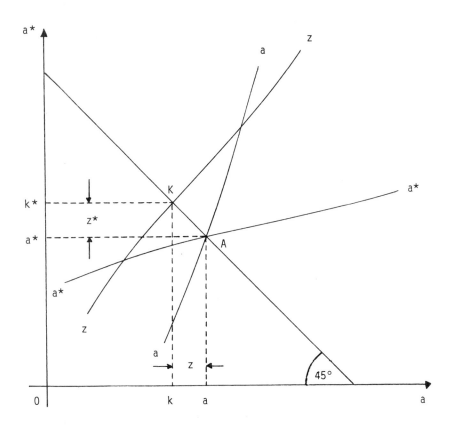

gung der a-Kurve größer als die der z-Kurve ist.

$$\left.\frac{da^*}{da}\right|_{\Delta a=0} - \left.\frac{da^*}{da}\right|_{z=0} > 0$$

Dies läßt sich durch Einsetzen der entsprechenden Ausdrücke leicht überprüfen, was hier aber nicht geschehen soll.

Der Verlauf der a*-Kurve in Abbildung 17 wird durch die Gleichung (75c) bestimmt. Sie beschreibt die Kombinationen von a und a*, bei denen sich das Pro-Kopf-Vermögen der Ausländer nicht ändert, d.h. $\Delta a^* = 0$ gilt. Sie besitzt ebenfalls einen Schnittpunkt mit der z-Kurve, der nicht notwendigerweise identisch mit dem Schnittpunkt der a- und der z-Kurve ist.

$$a^* = \frac{\delta^*}{1+n} w^*(a^*)$$

Partielle Differentiation von (73) ergibt

$$\frac{\partial \Delta a^*}{\partial a} = \frac{\delta^*}{1+n} w^*_{k^*} \frac{\partial z}{\partial a}$$

$$= \frac{\delta^*}{1+n} w^*_{k^*} \frac{x_{kk}}{x_{kk} + x^*_{kk^*}} > 0$$

$$\frac{\partial \Delta a^*}{\partial a^*} = \frac{\delta^*}{1+n} w^*_{k^*} (1 + \frac{\partial z}{\partial a^*}) - 1$$

$$= \frac{\delta^*}{1+n} w^*_{k^*} \frac{x_{kk}}{x_{kk} + x^*_{kk^*}} - 1 < 0$$

Erneute Anwendung der Regel zur Differentiation impliziter Funktionen zeigt, daß die Steigung der a*-Kurve wegen (74) ebenfalls positiv ist.

(80) $\left.\dfrac{da*}{da}\right|_{\Delta a*=0} = -\left(\dfrac{\partial \Delta a*}{\partial a} \Big/ \dfrac{\partial \Delta a*}{\partial a*}\right) > 0$

Allerdings erbringt ein Vergleich der Steigungen der a*- und der z-Kurve, daß die a*-Kurve eine geringere Steigung als die z-Kurve aufweist.

$\left.\dfrac{da*}{da}\right|_{\Delta a*=0} - \left.\dfrac{da*}{da}\right|_{z=0} < 0$

Auch diese Aussage läßt sich leicht überprüfen. Folglich muß die Steigung der a-Kurve größer als die Steigung der a*-Kurve sein, und es folgt die eindeutige Existenz eines Schnittpunktes beider Kurven, d.h. des Steady-States. In Abbildung 17 ist der Fall dargestellt, daß sich die a- und die a*-Kurve rechts von der z-Kurve schneiden. Legt man durch den Punkt A eine Isoweltvermögensgerade, dann beschreibt deren Schnittpunkt mit der z-Kurve (Punkt K in Abb. 17) die Kapitalintensitäten der beiden Länder im Steady-State. Ersichtlich wird eine langfristige inländische Gläubigerposition z > 0. Ebenso ließe sich eine ausgeglichene oder negative Auslandsposition des Inlandes konstruieren. Es fehlt noch ein Kriterium, welches darüber entscheidet, wann der Schnittpunkt der a- und der a*-Kurve rechts, links oder auf der z-Kurve liegt.

Für $z \gtreqless 0$ muß gleichzeitig gelten $a - k \gtreqless 0$ und $a* - k* \gtreqless 0$. Unter Berücksichtigung von (75b) und (75c) ergibt sich dann die folgende Bedingung:

(81) $z \gtreqless 0 \iff \dfrac{\delta w}{k} \gtreqless 1+n \gtreqless \dfrac{\delta* w*}{k*} \implies$

(82) $z \gtreqless 0 \iff \dfrac{\delta w}{rk} \gtreqless \dfrac{\delta* w*}{rk*}$.

Eine relativ geringe Zeitpräferenz der Inländer führt über eine schwache Konsumneigung tendenziell zu einer positiven inländischen Auslandsposition. Als zweite Determinante erscheint die Einkommensverteilung zwischen den Faktoren Arbeit und Kapital in (82). Ein relativ hoher Reallohn im Inland sorgt für eine verhältnismäßig große inländische Ersparnisbildung und beeinflußt die Auslandsposition in gleicher Richtung wie eine geringere Zeitpräferenz. Ein niedrigeres inländisches Kapitaleinkommen macht Inlandsinvestitionen vergleichsweise weniger attraktiv und führt tendenziell über eine geringere Investitionsneigung ebenfalls zu einer positiven inländischen Auslandsposition.

4.4.2 Dynamik

Es bleibt zu zeigen, daß Stabilität in der Umgebung des Steady-States gewährleistet ist. Hierzu wird (47) entsprechend umgeformt.

$$\frac{dk_{t+1}}{dk_t} < 1 \quad <=>$$

$$(\frac{\delta}{1+n} w_k - 1) \frac{x^*_{kk*}}{x_{kk} + x^*_{kk*}} + (\frac{\delta^*}{1+n} w^*_{k*} - 1) \frac{x_{kk}}{x_{kk} + x^*_{kk*}} < 0$$

Aus dieser Ungleichung wird deutlich, daß bei Gültigkeit der Voraussetzungen in (74) die lokale Stabilitätsbedingung (47) erfüllt ist.
Aus der Gültigkeit der Stabilitätsbedingung läßt sich entnehmen, daß die Folge momentaner Gleichgewichte langfristig zu einem Steady-State führt. Die Konvergenz zum Wachstumsgleichgewicht erfolgt monoton, da

$$\frac{dk_{t+1}}{dk_t} > 0$$

gilt. Die Kapitalintensitäten der beiden Länder stehen über den Ausgleich der Kapitalgrenzproduktivitäten zu jeder Zeit in unmittelbarem Zusammenhang. Somit dürfte klar sein, daß die z-Kurve in Abbildung 18 den Anpassungspfad der Kapitalintensitäten im a,a*-Diagramm darstellt.

Um die Dynamik der Pro-Kopf-Vermögensgrößen des In- und Auslandes zu beschreiben, könnte man - der Vorgehensweise einer qualitativen Analyse folgend - die partiellen Ableitungen von (72) und (73) auswerten und die Richtungspfeile in Abbildung 18 einzeichnen. Die Differenzengleichungen sind allerdings nicht unabhängig voneinander. Aus

und
$$a_{t+1} = \frac{\delta}{1+n} w(k_t)$$
$$a^*_{t+1} = \frac{\delta^*}{1+n} w^*(k^*_t)$$

folgt unter Berücksichtigung des Ausgleichs der Kapitalgrenzproduktivitäten eine zu jeder Zeit geltende Beziehung zwischen dem in- und dem ausländischen Pro-Kopf-Vermögen, die in Abbildung 18 als ã-Kurve erscheint. Die ã-Kurve muß natürlich durch den Punkt A gehen, und ihre Steigung ist positiv.

$$\frac{da^*_{t+1}}{da_{t+1}} = \frac{\delta^* k^*_t}{\delta k_t} > 0.$$

Folglich kann der Fall ausgeschlossen werden, daß das Pro-Kopf-Vermögen eines Landes bei sinkendem Pro-Kopf-Vermögen des anderen Landes steigt. Beide Größen entwickeln sich auf dem Weg zum Steady-State in gleicher Richtung. Dies

Abb. 18: Die zeitliche Entwicklung der Vermögensgrößen und der Auslandsposition

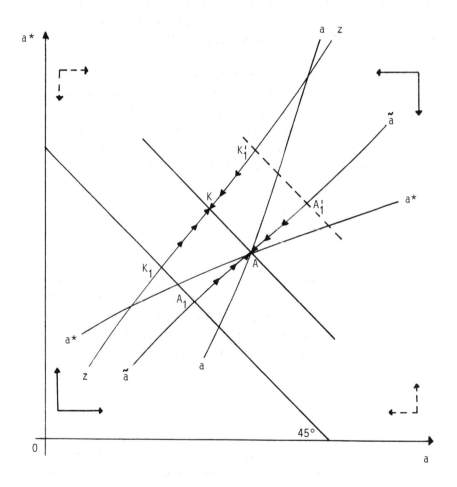

bestätigt auch ein Vergleich der Steigung der $\tilde{a}$-Kurve mit den Steigungen der a- und der a*-Kurve. Die $\tilde{a}$-Kurve verläuft flacher als die a- und steiler als die a*-Kurve.

Keine genaue Aussage erhält man für die Entwicklung der Auslandsposition außerhalb des Steady-States, da sich nicht eindeutig sagen läßt, ob die Steigung der $\tilde{a}$-Kurve größer oder kleiner als die Steigung der z-Kurve ist. Nicht auszuschließen ist die Möglichkeit einer in der Ausgangslage vorliegenden inländischen Schuldnerposition, die sich im Zeitverlauf abbaut und schließlich im Steady-State mit einer inländischen Gläubigerposition endet. Genauere Aussagen können nur gemacht werden, wenn man die Produktionsfunktionen näher spezifiziert, was später noch geschehen wird.

4.4.3. Komparative Statik und der Anpassungspfad zum neuen Steady-State

4.4.3.1 Konsumschocks

Der Konsumschock wird wiederum modelliert durch eine exogene Änderung der inländischen Sparneigung δ. Die Auswirkungen dieser Änderung auf die Lage der a-, der a*- und der z-Kurve erhält man durch totale Differentiation des Gleichungssystems (75).

$$(83) \quad \begin{matrix} (a) \\ (b) \\ (c) \end{matrix} \begin{bmatrix} (1 - \frac{\delta}{1+n} w_k) & 0 & -\frac{w}{1+n} \\ 0 & (1 - \frac{\delta^*}{1+n} w^*_{k*}) & 0 \\ x_{kk} & -x_{kk*} & 0 \end{bmatrix} \begin{bmatrix} da \\ da^* \\ d\delta \end{bmatrix} = \begin{bmatrix} -\frac{\delta}{1+n} w_k \\ \frac{\delta^*}{1+n} w^*_{k*} \\ x_{kk} + x^*_{kk*} \end{bmatrix} dz$$

Eine δ-Änderung hat offensichtlich keinen Einfluß auf die Lage der z-Kurve (83c). Elimination von dz ergibt das folgende reduzierte Gleichungssystem:

$$(84) \quad \begin{matrix}(a)\\(b)\end{matrix} \begin{bmatrix} -\frac{\partial \Delta a}{\partial a} & -\frac{\partial \Delta a}{\partial a^*} \\ -\frac{\partial \Delta a^*}{\partial a} & -\frac{\partial \Delta a^*}{\partial a^*} \end{bmatrix} \begin{bmatrix} da \\ da^* \end{bmatrix} = \begin{bmatrix} \frac{w}{1+n} \\ 0 \end{bmatrix} d\delta$$

Aus (84a) wird deutlich, daß eine δ-Erhöhung (-Senkung) die a-Kurve nach rechts (links) verschiebt. Anhand (84b) ist zu erkennen, daß die a*-Kurve bei δ-Variation liegen bleibt.

In Abbildung 19 ist der Fall dargestellt, daß sich ausgehend von einem Wachstumsgleichgewicht mit ausgeglichener Auslandsposition die inländische Sparneigung erhöht. Dies führt langfristig zu einer Gläubigerposition des Inlandes (Punkt A' in Abb. 19). Im Vergleich zum Ausgangsgleichgewicht A sind sowohl die Pro-Kopf-Vermögensbestände a und a* wie auch die Kapitalintensitäten k und k* (Punkt A nach Punkt K') gestiegen.

Der Anpassungsprozeß läßt sich nun folgendermaßen skizzieren. Beginnend im Punkt A steigt aufgrund der δ-Erhöhung zunächst nur das Pro-Kopf-Vermögen der Inländer (Punkt A_1). Das größere Kapitalangebot reduziert den Weltmarktzins, was die Kapitalintensitäten beider Länder erhöht (K_1). Hierdurch steigt der Reallohnsatz und somit das Pro-Kopf-Vermögen im In- und Ausland (A_2). Natürlich erhöhen sich daraufhin erneut die Kapitalintensitäten (K_2). Dieser Prozeß setzt sich fort bis zur Erreichung des Steady-States A' bzw. K'. Begleitet wird die Entwicklung von einer ständigen inländischen Gläubigerposition, wenn in der Ausgangslage eine ausgeglichene Auslandsposition vorliegt.

Abb. 19: Steady-State und Anpassungspfad nach auftretendem Konsumschock bei unterschiedlichen Zeitpräferenzen und Technologien - die Darstellung im a,a*-Diagramm

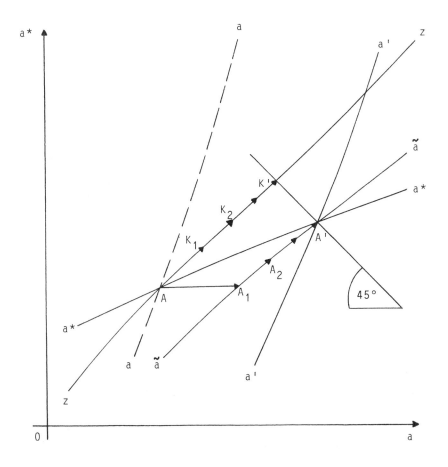

4.4.3.2 Produktivitätsschocks

Wie schon im Zwei-Länder-Solow-Modell sei der Produktivitätsschock als exogene Änderung des inländischen Effizienzparameters λ modelliert. Die Auswirkungen dieser Änderung auf die Lage der a-, a*- und z-Kurve erhält man durch totale Differentiation von (75).

$$(85) \begin{array}{c}(a)\\(b)\\(c)\end{array}\begin{bmatrix} (1-\frac{\delta}{1+n}w_k) & 0 & -\frac{\delta}{1+n}\frac{w}{\lambda} \\ 0 & (1-\frac{\delta^*}{1+n}w^*_{k*}) & 0 \\ x_{kk} & -x^*_{k*k*} & \frac{r}{\lambda} \end{bmatrix}\begin{bmatrix} da \\ da^* \\ d\lambda \end{bmatrix} = \begin{bmatrix} -\frac{\delta}{1+n}w_k \\ \frac{\delta^*}{1+n}w^*_{k*} \\ x_{kk}+x^*_{k*k*} \end{bmatrix} dz$$

Durch Elimination von dz gelangen wir zu dem folgenden reduzierten Gleichungssystem:

$$(86) \begin{array}{c}(a)\\(b)\end{array} \begin{bmatrix} -\frac{\partial \Delta a}{\partial a} & -\frac{\partial \Delta a^*}{\partial a^*} \\ -\frac{\partial \Delta a^*}{\partial a} & -\frac{\partial \Delta a^*}{\partial a^*} \end{bmatrix}\begin{bmatrix} da \\ da^* \end{bmatrix} = \begin{bmatrix} \frac{\partial \Delta a}{\partial \lambda} \\ \frac{\partial \Delta a^*}{\partial \lambda} \end{bmatrix} d\lambda$$

mit $\quad \frac{\partial \Delta a}{\partial \lambda} = \frac{\delta}{1+n}\left[\frac{w}{\lambda} - \frac{r}{\lambda}w_k \frac{1}{x_{kk}+x^*_{k*k*}}\right] > 0$

und $\quad \frac{\partial \Delta a^*}{\partial \lambda} = \frac{r}{\lambda}\frac{\delta^*}{1+n}w^*_{k*}\frac{1}{x_{kk}+x^*_{k*k*}} < 0$

Nehmen wir an, daß λ steigt, dann folgt aus (85c) eine Rechtsverschiebung der z-Kurve. Wegen (86a) und (86b) verschieben sich auch die a- und die a*-Kurve nach rechts.

Ausgehend von einem Wachstumsgleichgewicht mit ausgeglichener Auslandsposition ist daher nicht eindeutig zu sagen, ob sich im neuen Steady-State eine Gläubiger-, Schuldner- oder ausgeglichene Auslandsposition des Inlandes ergibt. Allein aufgrund der hiermit festgelegten Richtung der Kurvenverschiebungen lassen sich auch keine Aussagen machen, wie sich die Kapitalintensitäten und die Pro-Kopf-Vermögensgrößen - verglichen mit dem Wachstumsgleichgewicht in der Ausgangslage - langfristig entwickeln. Totale Differentiation der Gleichungen (48) - (51) zeigt jedoch, daß eine Effizienzsteigerung im Inland die inländische Kapitalintensität erhöht, wenn die Voraussetzungen in (74) erfüllt sind.

$$\frac{dk}{d\lambda} > 0$$

Dann muß aber auch das inländische Pro-Kopf-Vermögen im neuen Steady-State größer ausfallen.

$$\frac{da}{d\lambda} = \frac{\delta}{1+n} (w_k \frac{dk}{d\lambda} + \frac{w}{\lambda}) > 0$$

Für die langfristige Reaktion der ausländischen Kapitalintensität auf eine inländische Effizienzsteigerung erhält man - ebenfalls durch totale Differentiation der Gleichungen (48) - (51) - die folgende Bedingung.

(87) $\quad \frac{dk^*}{d\lambda} \gtreqless 0 \quad <=> \quad \frac{\delta w}{bk} \gtreqless 1+n$

Hierbei bezeichnet

$$b = - \frac{rw}{kxx_{kk}}$$

die Substitutionselastizität der inländischen Produktionsfunktion.[1] Die Kapitalintensität und das Pro-Kopf-Vermögen

---

1) Vgl. Hesse/Linde (1976), S. 77

im Ausland entwickeln sich nach Auftreten eines Produktivitätsschocks in die gleiche Richtung.

$$\frac{da^*}{d\lambda} = \frac{\delta^*}{1+n} w^*_{k^*} \frac{dk^*}{d\lambda}$$

Nähere Angaben über die Reaktion der ausländischen Kapitalintensität, des Pro-Kopf-Vermögens der Ausländer und somit der Auslandsposition erfordern eine genauere Spezifikation der Produktionsfunktionen. Dies gilt natürlich erst recht für die Beschreibung des Anpassungspfades vom alten zum neuen Steady-State.

4.4.3.3 Produktivitätsschock bei Cobb-Douglas-Produktionstechnologien

Der Fall linear-homogener Cobb-Douglas-Produktionsfunktionen, die sich in der Höhe ihres Effizienzparameters und der Produktionselastizität des Kapitals (bzw. der Arbeit) unterscheiden, wird ausführlich behandelt in den Arbeiten von Schmid/Großmann (1986) und Schmid (1987).[1]

Aufgrund der unterstellten linearen Homogenität können die Produktionsfunktionen in Pro-Kopf-Form geschrieben werden.

$$x = \lambda k^\alpha$$

$$x^* = \lambda^* k^{*\alpha^*}$$

Berücksichtigen wir, daß bei Annahme von Cobb-Douglas-Produktionsfunktionen Kapital- und Lohneinkommen stets konstante Anteile des Inlandsproduktes sind, d.h.

---

1) Während sich Schmid/Großmann auf die Eigenschaften des Steady-States konzentrieren, analysiert Schmid auch den Anpassungspfad zum neuen Steady-State.

$w = \beta x \qquad rk = \alpha x$

$w^* = \beta^* x^* \qquad rk^* = \alpha^* x^*$

gilt, dann läßt sich die Fundamentalbedingung (82), die Aufschluß über das langfristige Vorzeichen der inländischen Auslandsposition gibt, in Abhängigkeit der Modellparameter formulieren.

$$z \gtreqless 0 \quad <=> \quad \frac{\delta\beta}{\alpha} \gtreqless \frac{\delta^*\beta^*}{\alpha^*}$$

Die Größe der Effizienzparameter hat folglich keinen Einfluß darauf, ob das Inland im Steady-State Gläubiger- oder Schuldnerland ist. Ausgehend von einem Wachstumsgleichgewicht mit einer inländischen Gläubigerposition (Schuldnerposition) ergibt sich nach Auftreten eines Produktivitätsschocks langfristig wiederum eine positive (negative) Auslandsposition des Inlandes.

Die Kapitalintensität k und das Pro-Kopf-Vermögen a erhöhen sich aufgrund einer Effizienzsteigerung im Inland auf jeden Fall. Die Auswirkungen auf die ausländische Kapitalintensität k* und das Pro-Kopf-Vermögen der Ausländer a* erhält man durch Auswertung der Bedingung (87). Für eine Cobb-Douglas-Produktionsfunktion ist die Substitutionselastizität b gleich eins. Ein Vergleich mit (81) zeigt dann, daß die Kapitalintensität und das Pro-Kopf-Vermögen im Ausland nach einer inländischen Effizienzerhöhung langfristig steigen, fallen oder konstant bleiben, je nachdem, ob das Inland in der Ausgangslage eine positive, negative oder ausgeglichene Auslandsposition aufweist.

Bei Annahme von Cobb-Douglas-Produktionsfunktionen lassen sich auch die Elastizitäten der z- und der ã-Kurve, aus deren Verlauf auf die zeitliche Entwicklung der Kapitalintensitäten und der Pro-Kopf-Vermögensbestände geschlossen werden kann, sehr einfach bestimmen.

$$\varepsilon_{a*, a; z = 0} = \frac{dk*}{dk} \frac{k}{k*} = \frac{\beta}{\beta*} \gtreqless 1 \quad <=> \quad \beta \gtreqless \beta*$$

$$\varepsilon_{a*, a; \tilde{a}} = \frac{da*}{da} \frac{a}{a*} = \frac{\alpha*\beta}{\alpha\beta*} \gtreqless 1 \quad <=> \quad \beta \gtreqless \beta*$$

Demnach sind die Elastizitäten beider Kurven positiv. Die Elastizität der z-Kurve ist größer, gleich oder kleiner als die der ã-Kurve, je nachdem, ob die Produktionselastizität des Kapitals im Inland größer, gleich oder kleiner als die des Auslandes ist. Außerdem läßt sich durch einen Vergleich der Steigungen beider Kurven die folgende Bedingung ableiten.

$$\frac{da*}{da}\bigg|_{\tilde{a}} \gtreqless \frac{da*}{da}\bigg|_{z = 0} \quad <=> \quad \delta*\beta* \gtreqless \delta\beta$$

In Abbildung 20 ist der Fall einer im alten und neuen Steady-State ausgeglichenen Auslandsposition dargestellt. Zudem ist angenommen, daß das Inland eine verhältnismäßig geringe Produktionselastizität der Arbeit aufweist, d.h. die Parameterkonstellation $\beta < \beta*$ bzw. $\alpha > \alpha*$ vorliegt. Bei ausgeglichener Auslandsposition im Steady-State muß dann $\delta\beta > \delta*\beta*$ gelten. Dann ist aber die Steigung der ã-Kurve kleiner als die der z-Kurve.

Der Anpassungsprozeß nach auftretender Störung läßt sich folgendermaßen skizzieren. Die Ausgangslage wird durch den Punkt A in Abbildung 20 beschrieben. Die Kapitalintensität und das Pro-Kopf-Vermögen stimmen im In- und Ausland überein, die Auslandsposition ist ausgeglichen, und die Weltwirtschaft befindet sich in einem langfristigen Gleichgewicht.

Abb. 20: Steady-State und Anpassungspfad nach auftretendem Produktivitätsschock bei unterschiedlichen Cobb-Douglas-Produktionstechnologien - der Fall $z = 0$ mit $\alpha > \alpha^*$

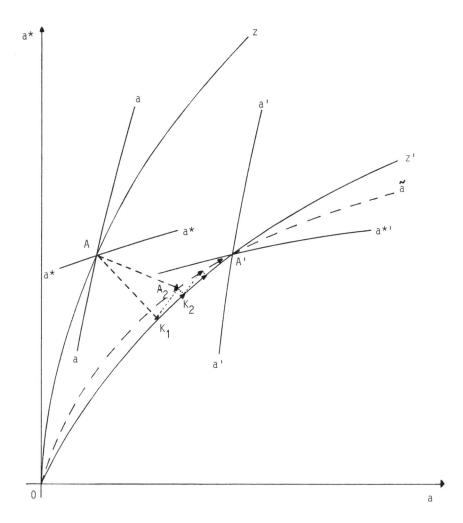

Die inländischen Unternehmer antizipieren die Effizienzsteigerung im Inland und erhöhen daraufhin ihre Investitionen in der Absicht, eine größere Kapitalintensität k_{t+1} in der nächsten Periode zu realisieren. Bei gegebenen Vermögensgrößen kann dies nur geschehen, wenn Ausländer bereit sind, einen Teil ihres Vermögens im Inland anzulegen. Verglichen mit der Ausgangslage wird daher die ausländische Kapitalintensität k^*_{t+1} fallen. Das Inland verschuldet sich im Ausland (Punkt K_1 in Abb. 20).

Die Effizienzsteigerung und die dadurch verursachte größere inländische Kapitalintensität k_{t+1} erhöhen den Reallohnsatz w_{t+1} und somit das Pro-Kopf-Vermögen der Inländer a_{t+2}, während die geringere ausländische Kapitalintensität den Reallohnsatz w^*_{t+1} und das Pro-Kopf-Vermögen der Ausländer a^*_{t+2} senkt (Punkt A_2 in Abb. 20). Dies wirkt der anfänglichen Verschuldung entgegen. Die inländische Auslandsposition verbessert sich.

Da das Weltvermögen pro Kopf steigt, erhöhen sich die Kapitalintensitäten beider Länder in der Periode t+2 (Punkt K_2 in Abb. 20) mit den entsprechenden Auswirkungen auf die Pro-Kopf-Vermögensbestände a_{t+3} und a^*_{t+3}.

Dieser Prozeß setzt sich fort, bis im neuen Steady-State A' die ausländische Kapitalintensität und das Pro-Kopf-Vermögen der Ausländer wieder auf dem ursprünglichen Niveau sind. Damit muß die inländische Auslandsposition ausgeglichen sein. Die inländische Kapitalintensität und das Pro-Kopf-Vermögen der Inländer haben sich gleichermaßen erhöht.

Das Inland ist bei der unterstellten Parameterkonstellation auf dem Anpassungspfad ständig Schuldnerland. Nur im alten und neuen Steady-State ist die Auslandsposition ausgeglichen. Es lassen sich aber auch andere Fälle konstruieren. Nehmen wir beispielsweise an, daß die Produktionselastizitäten und Sparneigungen in den Ländern übereinstimmen, dann wird das Inland nach anfänglicher Schuldnerposition ständig

eine ausgeglichene Auslandsposition aufweisen. Ist dagegen die Produktionselastizität des Kapitals im Inland kleiner als im Ausland, dann ist - bei ausgeglichener Auslandsposition in der Ausgangslage - die Steigung der ã-Kurve größer als die Steigung der z-Kurve. Somit folgt der anfänglichen Schuldnerposition eine Gläubigerposition des Inlandes auf dem Anpassungspfad.
Weitere Möglichkeiten ergeben sich, wenn man keine ausgeglichene Auslandsposition in der Ausgangslage unterstellt.[1] Dennoch entspricht die zeitliche Entwicklung der Auslandsposition bei Annahme von Cobb-Douglas-Produktionsfunktionen nicht dem in der Schuldenzyklushypothese beschriebenen Verlauf.

4.4.3.4 Produktivitätsschock bei CES-Produktionstechnologien

Um die Analyse einigermaßen überschaubar zu gestalten, seien linear-homogene CES-Produktionsfunktionen in beiden Ländern unterstellt, die sich ausschließlich in der Höhe ihres Effizienzparameters unterscheiden.[2]

$$X = \lambda(\nu K^{-\zeta} + \mu L^{-\zeta})^{-\frac{1}{\zeta}}$$

$$X^* = \lambda^*(\nu K^{*-\zeta} + \mu L^{-\zeta})^{-\frac{1}{\zeta}}$$

Aus dem Ausgleich der Kapitalgrenzproduktivitäten folgt dann eine Beziehung zwischen den durchschnittlichen Kapitalproduktivitäten der beiden Länder.

$$\frac{x^*}{k^*} = (\frac{\lambda^*}{\lambda})^{1-b} \frac{x}{k}$$

---

1) Einige dieser Fälle analysiert Schmid (1987).

2) Den Fall, daß sich beide Länder allein in der Höhe des Effizienzparameters unterscheiden, betrachtet auch Wan (1971, S. 274 f.) in einem Modell mit endlichem Zeithorizont.

Als weitere Vereinfachung sei eine Substitutionselastizität b kleiner als eins und eine gleich große Zeitpräferenzrate in beiden Ländern, d.h. $\delta = \delta^*$, angenommen. Unter diesen Voraussetzungen läßt sich die Fundamentalbedingung (81) so umformen, daß allein das Verhältnis der Effizienzparameter für das Vorzeichen der Auslandsposition langfristig entscheidend ist.

$$z \gtreqless 0 \quad <=> \quad \lambda \gtreqless \lambda^*$$

In Abbildung 21 ist der Fall dargestellt, daß - ausgehend von einem Wachstumsgleichgewicht mit ausgeglichener Auslandsposition (Punkt A in Abb. 21) - eine Effizienzsteigerung im Inland stattfindet. Unter den getroffenen Annahmen ergibt sich dann eine inländische Gläubigerposition im neuen Steady-State, wobei sich die Kapitalintensitäten (K') und die Pro-Kopf-Vermögensbestände (A') beider Länder langfristig vergrößern.

Die Reaktion der ausländischen Kapitalintensität läßt sich folgendermaßen herleiten. Aus (81) ist zu entnehmen, daß im alten Steady-State

$$\frac{\delta W}{K} = 1+n$$

gelten muß. Aufgrund einer angenommenen Substitutionselastizität kleiner als eins läßt sich dann folgern:

$$\frac{\delta W}{bK} > 1+n.$$

Somit erhält man aus der Bedingung (87), daß die ausländische Kapitalintensität und das Pro-Kopf-Vermögen der Ausländer langfristig steigen.

Abb. 21: Produktivitätsschock bei abweichenden CES-Produktionstechnologien - der Fall, der der Schuldenzyklushypothese entspricht

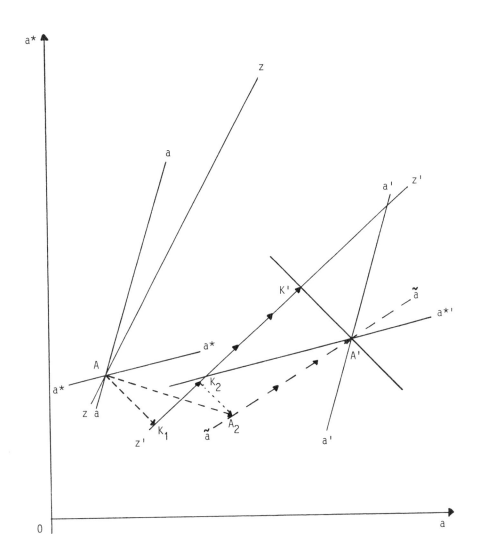

Durch einen Vergleich der Steigungen der ã- und der z-Kurve läßt sich eine Bedingung herleiten, die Aussagen darüber erlaubt, wann die Steigung der ã-Kurve größer, gleich oder kleiner als die der z-Kurve ist.

$$\left. \frac{da^*}{da} \right|_{\tilde{a}} - \left. \frac{da^*}{da} \right|_{z=0} \gtreqless 0 \iff \frac{\delta^* w^*}{b^* x^*} \gtreqless \frac{\delta w}{bx}$$

Stimmen die Sparneigungen und Substitutionselastizitäten in beiden Ländern überein, dann ist die Steigung der ã-Kurve in der Umgebung des neuen Steady-States kleiner als die der z-Kurve, wenn das Inland langfristig Gläubigerland ist.

Der Anpassungspfad zum neuen Steady-State kann folgendermaßen beschrieben werden. Durch die größere Effizienz im Inland steigt zunächst - bei gegebenen Vermögensgrößen - die inländische Kapitalintensität, während die des Auslands sinkt (Punkt K_1 in Abb. 21). Da K_1 rechts vom Punkt A liegt, ergibt sich eine Schuldnerposition des Inlandes. Die größere inländische Kapitalintensität erhöht den Reallohnsatz und verbessert die Einkommensverteilung zugunsten der inländischen Arbeiter. Die kleinere ausländische Kapitalintensität wirkt im Ausland in die entgegengesetzte Richtung. Folglich steigt in der nächsten Periode das Pro-Kopf-Vermögen der Inländer, das der Ausländer fällt (A_2). Bei geltender Stabilität vergrößert sich aber das Weltvermögen pro Kopf. Somit steigen die Kapitalintensitäten in beiden Ländern (K_2), wobei Auslandsinvestitionen durch die veränderten Einkommensverteilungen verhältnismäßig attraktiver werden. Dies verbessert die inländische Auslandsposition. Der Anpassungsprozeß setzt sich fort. Die Kapitalintensitäten und Pro-Kopf-Vermögensgrößen konvergieren monoton gegen den Steady-State.

Obwohl keine Aussage darüber gemacht werden kann, in welcher Periode das Inland zum Gläubigerland wird, entspricht der Anpassungspfad in diesem Beispiel dem in der Schuldenzyklushypothese beschriebenen Verlauf. Das Inland durchläuft zunächst das Stadium eines Schuldnerlandes, um langfristig als Gläubigerland zu enden.

4.5 Exkurs: Das Modell überlappender Generationen, das Zwei-Perioden-Modell und das Solow-Modell - ein Vergleich

Das Modell überlappender Generationen à la Diamond bringt in eleganter Weise die intertemporale Entscheidungsstruktur des Zwei-Perioden-Ansatzes in einen wachstumstheoretischen Kontext, wobei das resultierende langfristige Gleichgewicht ähnliche Eigenschaften wie das Solow-Modell aufweist.

Um die Parallelen zum Zwei-Perioden-Modell deutlich zu machen, greift Abbildung 22 die in Abbildung 1 des zweiten Kapitels dargestellten Zusammenhänge in modifizierter Form auf. Als vorteilhaft erweist sich hierbei die Verwendung absoluter Größen.
Im Gegensatz zu Abbildung 1 bildet der Streckenabschnitt OP in Abbildung 22a nicht den in der Gegenwart produzierten Output (in einer geschlossenen Volkswirtschaft identisch mit dem Volkseinkommen) ab, sondern nur das Lohneinkommen der jungen Generation t, über dessen Aufteilung in Gegenwartskonsum C_t^1 und Ersparnis S_t^j zu entscheiden ist. Nehmen wir vorübergehend an, daß in der Zukunft keine Produktion stattfindet und die von der jungen Generation in der Gegenwart nicht konsumierten Gütereinheiten von den Unternehmen kostenlos gelagert werden, kann die junge Generation in der Zukunft (im Alter) genau diese Gütereinheiten konsumieren. Die möglichen Kombinationen von Zukunfts- und Gegenwartskonsum liegen dann auf der Geraden PP', deren Steigung gleich minus eins ist.

Ähnlich verhält es sich im Modell überlappender Generationen. Die junge Generation kauft Wertpapiere der Unternehmen, wobei der Preis eines jeden Wertpapiers eine Gütereinheit beträgt. Im Alter werden diese Wertpapiere zum

Abb. 22: Die Zwei-Perioden-Planung im Modell überlappender Generationen

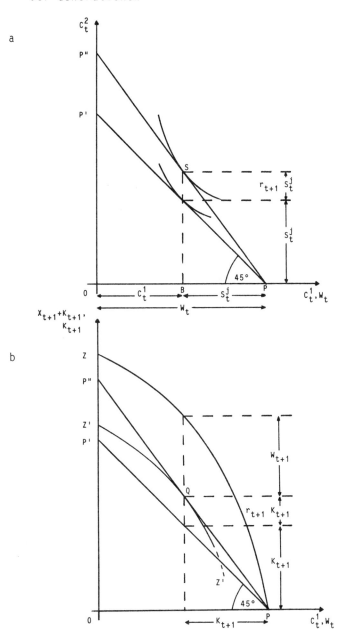

gleichen Preis wieder verkauft, so daß der Generation t
im Alter die während der Jugend gesparten Gütereinheiten
zu konsumtiven Zwecken zur Verfügung stehen. Allerdings
werden die im ersten Lebensabschnitt gesparten Einheiten
von den Unternehmen nicht einfach nur gelagert, sondern
als Kapitalstock K_{t+1} neben dem Faktor Arbeit L_{t+1} zur
Produktion des Outputs X_{t+1} eingesetzt und daher zusätzlich mit dem Zinssatz r_{t+1} entlohnt. Im Punkt S, wo eine
der Indifferenzkurven die Gerade PP" mit der Steigung von
- $(1+r_{t+1})$ tangiert, wird der Lebenszeitnutzen aller Mitglieder der Generation t maximiert. Die junge Generation
konsumiert entsprechend in der Gegenwart OB Gütereinheiten und spart den Betrag BP. Im Alter können also OB' Einheiten konsumiert werden.

Die Ertragswertmaximierung der Unternehmen ist in Abbildung 22b dargestellt. Die Kurve PZ beschreibt - anders
als Abbildung 1 im zweiten Kapitel - nicht den in der Zukunft produzierten Output X_{t+1}, sondern die Summe aus Output X_{t+1} und Kapitalstock K_{t+1}. Hiervon ist noch - im Gegensatz zum Zwei-Perioden-Modell - das an die Arbeiter zu
zahlende Lohneinkommen $W_{t+1} = w_{t+1}L_{t+1}$ zu subtrahieren,
welches von den Unternehmen als Datum angesehen wird. Die
Kurve Z'Z' in Abbildung 22b beschreibt folglich die Summe
aus Kapitalstock K_{t+1} und Zinszahlungen $r_{t+1}K_{t+1}$. Der in
Gleichung (13) auf Seite 62 definierte Unternehmensertragswert EW wird im Punkt Q maximiert, wo die Gerade PP" mit
der Steigung von - $(1+r_{t+1})$ die Z'Z'-Kurve mit der Steigung
- $(1+X_k(K_{t+1},L_{t+1}))$ tangiert.

Abbildung 22 stellt natürlich - ebenso wie beispielsweise
das Kapitalmarktdiagramm in Abbildung 9 - nur einen Ausschnitt des gesamten Geschehens dar. Das Lohneinkommen W_{t+1}
bildet den Ausgangspunkt für eine Darstellung des Entscheidungsproblems in der nächsten Periode.

Die in den Abbildungen 3 und 4 beschriebenen Zusammenhänge lassen sich ebenfalls problemlos auf das Zwei-Länder-Modell mit überlappenden Generationen übertragen. Ohne hierauf näher einzugehen, dürfte dennoch die folgende Aussage unmittelbar einsichtig sein. Bei gegebenem Lohneinkommen erhöht sich der Nutzen der Generation t aufgrund stattfindender internationaler Kapitalbewegungen. Allerdings fällt der Kapitalstock und somit das Lohneinkommen in dem Land, das Kapital exportiert, in der nächsten Periode geringer aus, als dies bei Autarkie der Fall gewesen wäre, so daß freier Kapitalverkehr nicht notwendigerweise zu Wohlfahrtssteigerungen sämtlicher Generationen in beiden Ländern führt.

Abgesehen von der unterschiedlichen Dimensionierung - Bestands- versus Stromgrößen - verhindern zwei Eigenschaften die vollständige Kompatibilität des Solow-Modells mit dem Modell überlappender Generationen. Um die Differenzen deutlich zu machen, soll das Solow-Modell einer geschlossenen Volkswirtschaft dahingehend umgeformt werden, daß beide Modelltypen einander entsprechen. Stromgrößen werden hierbei als Bestandsänderung zweier zeitpunktbezogener Größen interpretiert.

Das Volkseinkommen - in einer geschlossenen Volkswirtschaft identisch mit dem Inlandsprodukt - ist von der Verteilungsseite her definiert als die Summe aus Lohneinkommen wL und Kapitaleinkommen rK. Unterscheiden wir im Solow-Modell die beiden sozialen Klassen der Lohnempfänger und der Kapitalisten und nehmen an, daß die Lohnempfänger den Anteil σ_W, die Kapitalisten den Anteil σ_K ihres jeweiligen Einkommens sparen, dann gilt für die gesamtwirtschaftliche Ersparnis die folgende Verhaltensfunktion:

$$S = \sigma_W \, wL + \sigma_K \, rK$$

Unterstellen wir ferner eine vollständige Abschreibung des Kapitalstocks bei der Produktion, dann stimmt die Nettozunahme des Kapitalstocks mit der Ersparnis abzüglich der Abschreibung des Kapitalstocks überein.

$$\Delta K = \sigma_W \, wL + \sigma_K \, rK - K$$

Setzen wir $\sigma_W = \delta$ und $\sigma_K = 0$, d.h. Ersparnisbildung erfolgt nur aus dem Lohneinkommen, während Kapitalisten nur konsumieren, dann ergibt sich die formale Übereinstimmung des Solow-Modells mit dem Modell überlappender Generationen.

$$\Delta K = \delta wL - K$$

Allerdings fällt der Konsum der Kapitalisten im Solow-Modell um die Abschreibung geringer aus als der Konsum der Alten im Modell überlappender Generationen. Dieser Unterschied läßt sich beseitigen, indem wir auch im Modell überlappender Generationen eine völlige Abschreibung des Kapitalstocks bei der Produktion annehmen.

Empirische Untersuchungen belegen, daß die Individuen nicht nur in ihrer Jugend, sondern auch im Alter sparen. Hier entzündet sich die zum Teil heftige Kritik am Grundmodell überlappender Generationen. Ein Sparverhalten, das in größerem Einklang mit der Realität steht, ergibt sich, wenn man das Grundmodell um das sogenannte Vererbungsmotiv erweitert.[1] In der vorliegenden Arbeit bleiben Erbschafts-

---

1) Von einem Erbschaftsmotiv spricht man i.a. dann, wenn neben dem eigenen Konsum auch der Konsum der nachfolgenden Generationen in die Nutzenfunktion eines Individuums eingeht. In der Literatur durchgesetzt hat sich der Ansatz, bei dem statt des Konsumniveaus das Nutzenniveau der nachfolgenden Generationen Berücksichtigung findet. Dieser auf Becker (1974) zurückgehende Ansatz wurde von Barro (1974) in ein Modell mit überlappenden Generationen eingebaut. Eine andere Erklärung für das Auftreten von Erbschaften besteht in der fehlenden vollkommenen Voraussicht der Individuen über ihre Lebensdauer, vgl. Abel (1985).

zahlungen an nachfolgende Generationen allerdings unberücksichtigt. Die Vorgehensweise läßt sich damit rechtfertigen, daß die Sparquote der Rentner deutlich unter der gesamtwirtschaftlichen Sparquote liegt.[1] Insofern ist das im Grundmodell unterstellte Sparverhalten als eine theoretische Annahme aufzufassen, die die Analyse vereinfacht, ohne die Wirklichkeit auf den Kopf zu stellen.[2]

Trotz der erwähnten Abweichungen zwischen Solow-Modell und dem Modell überlappender Generationen stimmen die Wachstumsgleichgewichte beider Modelltypen in der geschlossenen Volkswirtschaft überein, wenn sich die Einkommensverteilung nicht ändert. Hierzu wird in Abbildung 23 eine Darstellung im bekannten Solow-Diagramm betrachtet.[3]
Unter der Annahme einer Cobb-Douglas-Produktionsfunktion läßt sich auch im Modell überlappender Generationen eine Sparquote mit Bezug zum Inlandsprodukt bilden. Die Kapitalintensität des Steady-States ergibt sich dann als Lösung der folgenden Gleichung.

$$nk = \frac{n\delta\beta}{1+n} x(k)$$

---

1) Im Jahre 1987 betrug die Sparquote der Rentner beispielsweise 6.4 Prozent, die gesamtwirtschaftliche Sparquote hingegen 12.3 Prozent, vgl. IWD (1988).

2) Zum Vergleich sei auf die Annahme internationaler Immobilität der Arbeit hingewiesen, die sicherlich ebenfalls nicht in der Realität erfüllt ist, aber dennoch eine Annäherung an die Wirklichkeit darstellt, weil der Mobilitätsgrad des Kapitals größer als der der Arbeit ist.

3) Eine Beschreibung des Wachstumsgleichgewichts des Modells mit überlappenden Generationen im Solow-Diagramm findet sich ebenfalls bei Kitterer (1988) sowie Schmid (1988).

Abb. 23: Das Wachstumsgleichgewicht des Modells mit überlappenden Generationen im Solow-Diagramm

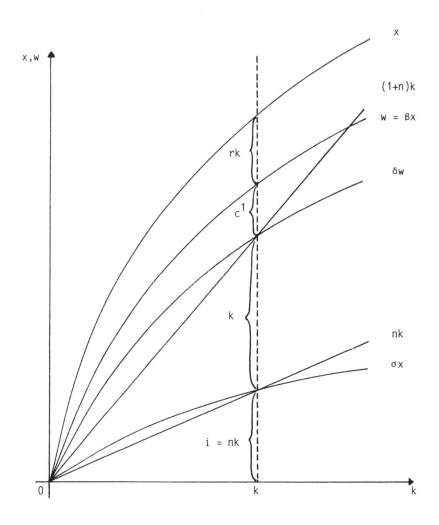

Setzt man

(88) $\sigma = \dfrac{n\delta\beta}{1+n}$,

sind die Wachstumsgleichgewichte beider Modelle nicht zu unterscheiden. Dies kommt in Abbildung 23 dadurch zum Ausdruck, daß im Schnittpunkt von δw-Kurve und (1+n)k-Geraden die gleiche Kapitalintensität gilt wie im Schnittpunkt von σx-Kurve und nk-Geraden. Es ist allerdings bemerkenswert, daß die Sparquote im Modell überlappender Generationen - im Gegensatz zur Sparquote des Solow-Modells - eine intertemporale, verhaltensorientierte Mikrofundierung besitzt.

Bei Gültigkeit von (88) und einer entsprechend definierten Sparquote der Ausländer

$\sigma^* = \dfrac{n\delta^*\beta^*}{1+n}$

stimmen die Fundamentalbedingungen, die Aufschluß über das Vorzeichen der Auslandsposition im Steady-State geben, in beiden Modellen überein.

$z \gtreqless 0 \quad <=> \quad \dfrac{\sigma}{\alpha} = \dfrac{n\delta\beta}{\alpha(1+n)} \gtreqless \dfrac{n\delta^*\beta^*}{\alpha^*(1+n)} = \dfrac{\sigma^*}{\alpha^*}$

$<=> \quad \dfrac{\delta\beta}{\alpha} \gtreqless \dfrac{\delta^*\beta^*}{\alpha^*}$

Aber auch bei allgemeineren Produktionsfunktionen bleiben diese Bedingungen nahezu identisch. Ist das Verhältnis von Lohn- und Kapitaleinkommen im Inland größer, gleich bzw. kleiner als im Ausland, dann weist das Inland eine höhere, gleich große bzw. geringere durchschnittliche Kapitalproduktivität als das Ausland auf.

$$\frac{w}{rk} \gtreqless \frac{w^*}{rk^*} <=> \frac{x}{k} \gtreqless \frac{x^*}{k^*}$$

Sowohl im Modell überlappender Generationen als auch im Solow-Modell besteht daher ein Zusammenhang zwischen den durchschnittlichen Kapitalproduktivitäten und dem langfristigen Vorzeichen der Auslandsposition.
Als zweite Determinante erscheint im Modell überlappender Generationen die Ersparnis der jungen Generation mit Bezug auf das Lohneinkommen δ bzw. δ*. Diese Rolle übernimmt im Solow-Modell der Quotient aus gesamtwirtschaftlicher Ersparnis und Volkseinkommen σ bzw. σ*. Unterschiede in den Ergebnissen beider Modellansätze beschränken sich hauptsächlich auf den Anpassungspfad zum Steady-State.

5 Ein Nord-Süd-Modell mit überlappenden Generationen

Bei den bisher in dieser Arbeit betrachteten Modellen wurde stets einschränkend angenommen, daß In- und Ausland ein identisches Gut produzieren, welches sowohl konsumtiv als auch investiv genutzt wird. Die Ein-Gut-Annahme erleichterte die Herleitung konkreter Aussagen zur Auslandsverschuldung und ihrer zeitlichen Entwicklung, machte es aber unmöglich, Terms of Trade betreffende Fragestellungen zu behandeln. Hierzu ist die Existenz mindestens zweier Güter notwendig.

Kemp (1968) analysiert - sicherlich als einer der ersten - internationale Kapitalbewegungen in einem Zwei-Länder-Modellrahmen, wobei In- und Ausland jeweils durch eine Zwei-Sektoren-Solow-Ökonomie beschrieben werden. Sowohl In- als auch Ausland produzieren zwei Güter, ein Investitions- und ein Konsumgut. Kemp kommt zu dem Ergebnis, daß das Ausmaß und die Richtung der internationalen Kapitalbewegungen unbestimmt sind.
Auch Fischer/Frenkel (1972) weisen auf dieses Problem hin. "The basic difficulty is this: if a country can both import securities and import investment goods, then it is a matter of indifference what its capital stock is. Its income will be the same at all times - so long as it is not spezialized - whether it acquires income streams from abroad by buying securities or whether it owns physical capital."[1]

Die Indeterminiertheit läßt sich auf verschiedene Arten vermeiden.
Eine Möglichkeit besteht darin, die Investitionsgüter als nicht-handelbar zu unterstellen. Diese Annahme treffen z.B. Fischer/Frenkel (1974,1).

---

1) Fischer/Frenkel (1972), S. 212 f.

Einen zweiten Weg zeigen Fischer/Frenkel (1972) auf, indem sie Anpassungskosten bei den Investitionen berücksichtigen. Matsuyama (1988) wählt den gleichen Ansatz im Rahmen eines Modells mit überlappenden Generationen. Allerdings beschränkt sich seine Betrachtung - wie auch die von Fischer/Frenkel (1972) - auf eine kleine offene Volkswirtschaft mit exogen gegebenen Terms of Trade. Myers (1970) sowie Hori/Stein (1977) analysieren ein Zwei-Länder-Zwei-Güter-Solow-Wachstumsmodell und vermeiden die Unbestimmtheit durch die Annahme, daß sich beide Länder auf die Produktion jeweils eines Gutes vollständig spezialisieren. Diesen Weg beschreitet auch Ihori (1987) in einem Zwei-Länder-Modell mit überlappenden Generationen.

Zwei-Länder-Zwei-Güter-Modelle mit vollkommener Spezialisierung lassen sich der Klasse der Nord-Süd-Modelle zuordnen, wenn man diesen Begriff in der von Findlay definierten Weise benutzt.[1] Demnach ist das wesentliche Kennzeichen eines Nord-Süd-Modells die grundlegende asymmetrische Modellstruktur. Im Mittelpunkt des Interesses steht in diesen Modellen seit jeher die Überprüfung der sogenannten Prebisch-Singer-These[2], nach der sich das reale Austauschverhältnis zwischen den im Süden hergestellten Primärgütern und den im Norden produzierten Industriewaren langfristig verringert. Die sinkenden Terms of Trade - so wird argumentiert - mindern die Wohlfahrt der Entwicklungsländer, weil für eine gegebene Menge an Primärgütern immer weniger Industrieprodukte gekauft werden können.

Zahlreiche Varianten von Nord-Süd-Modellen sind in der Literatur anzutreffen. Eine allgemeingültige Ansicht,

---

1) Vgl. Findlay (1984), S. 222.
2) Vgl. Prebisch (1950) und Singer (1950).

welche Bestandteile zu einem Nord-Süd-Modell gehören, existiert nicht. Die Arbeit von Findlay (1980) ist allerdings ohne Zweifel als ein Meilenstein auf diesem Gebiet anzusehen.

In seinem Zwei-Länder-Wachstumsmodell ist der Norden - eine Solow-Ökonomie - auf die Herstellung eines Industriegutes spezialisiert, welches sowohl im Norden als auch im Süden zu Konsum- und Investitionszwecken verwendet wird. Der Süden - eine unterbeschäftigte Lewis-Ökonomie[1] - produziert hingegen ein Gut, das im Norden und Süden ausschließlich zu Konsumzwecken dient. Ohne internationale Kapitalbewegungen in seine Analyse einzubeziehen, untersucht Findlay die Auswirkungen eines veränderten Sparverhaltens und eines im Norden bzw. Süden stattfindenden technischen Fortschritts. Södersten (1981) argumentiert, daß die bei Findlay getroffene Annahme eines unendlichen Arbeitsangebotes im Süden langfristig nicht sinnvoll ist, und fragt, ob es nicht besser wäre, auch den Süden als Solow-Ökonomie zu modellieren.

Das Nord-Süd-Modell, das Gegenstand dieses Kapitels sein soll, greift den Vorschlag Söderstens auf. Es unterstellt vollbeschäftigte Produktionsfaktoren, benutzt allerdings zur Beschreibung des Sparverhaltens ein Lebenszyklusmodell mit überlappenden Generationen in beiden Ländern. Zudem produziert der Süden kein Konsumgut, sondern eine Vorleistung, die während der laufenden Periode in die inländische Güterproduktion eingeht und dabei verbraucht wird.[2] Die Vorgehensweise läßt sich damit rechtfertigen, daß der

---

1) Hauptmerkmale der Lewis-Ökonomie sind ein fixer Reallohnsatz und ein unendlich großes Arbeitsangebot. Vgl. Lewis (1954).
2) Den Fall eines kleinen Landes, das ein zweites Konsumgut aus dem Ausland importiert, betrachten Persson/Svensson (1985) in einem Modell mit überlappenden Generationen.

Großteil des Welthandels in industriellen Vorleistungen stattfindet. Das volkswirtschaftliche Rechnungswesen trägt diesem Umstand Rechnung, indem es Importe grundsätzlich als Vorleistungsimporte verbucht. In der traditionellen Außenwirtschaftstheorie dominierte hingegen - zumindest bis zur Ölkrise - der Fertigwarenhandel, was z.B. Bhagwati (1964) als "the central limitation of trade theory" kritisiert. Vorleistungen finden überwiegend Berücksichtigung in Zwei-Perioden-Modellen kleiner offener Volkswirtschaften. Stellvertretend für die zahlreichen Veröffentlichungen seien die Arbeiten von Bruno/Sachs (1985), Bruno (1982) und Van Wijnbergen (1984) genannt. Seltener sind Wachstumsmodelle mit importierten Vorleistungen anzutreffen. Die Arbeiten von Khang (1968,1969), Bardhan/Lewis (1970) und Van Bochove (1982) bilden hier eher eine Ausnahme. Sie vernachlässigen außerdem im Gegensatz zu dem nun folgenden Nord-Süd-Modell das Auftreten internationaler Kapitalbewegungen.

5.1 Die grundlegende Modellstruktur

Wir betrachten eine aus zwei Ländern bestehende Weltwirtschaft, in der zwei verschiedene handelbare Güter produziert werden. Sowohl das Inland (der Norden) als auch das Ausland (der Süden) sind vollständig spezialisiert auf die Herstellung jeweils eines Gutes. Das Inlandsgut ist ein Endprodukt, welches konsumtiv und investiv verwendet werden kann. Der Süden produziert hingegen mithilfe der Faktoren Arbeit und Kapital eine Vorleistung, die während der laufenden Periode neben Arbeit und Kapital als dritter Faktor in die inländische Güterproduktion eingeht.

5.1.1 Produktion, Faktornachfrage und die Bestimmung der Terms of Trade

Die Einbeziehung eines zweiten Gutes bzw. eines dritten Produktionsfaktors fordert ihren Tribut. Um das Modell einigermaßen überschaubar zu halten, werden die Produktionstechnologien beider Länder daher in diesem Abschnitt als linear-homogen und vom Cobb-Douglas-Typ unterstellt.[1] V_t bezeichnet die während der Periode t im Inland eingesetzte Vorleistungsmenge, γ die entsprechende Produktionselastizität.

(1) $\qquad X_t = \lambda F(K_t, L_t, V_t) = \lambda K_t^\alpha L_t^\beta V_t^\gamma$

---

[1] Neben den sich ergebenden mathematischen Vereinfachungen besitzen Cobb-Douglas-Produktionsfunktionen in diesem Zusammenhang einen weiteren Vorteil, auf den Bardhan/Lewis (1970) hinweisen. "...they make domestic factors complementary with imported inputs or intermediate products or capital goods in production ..." Da der Norden ohne den Einsatz importierter Vorleistungen nicht produzieren kann und der Süden seinerseits auf die Güterproduktion des Nordens angewiesen ist, kann tatsächlich von einer komplementären internationalen Arbeitsteilung gesprochen werden.

Da der Output des Südens ausschließlich als Input in die Güterproduktion des Nordens eingeht, gilt $X_t^* = V_t$, und die ausländische Produktionsfunktion lautet

(2) $V_t = \lambda^* F^*(K_t^*, L_t^*) = \lambda^* K_t^{*\alpha^*} L_t^{*\beta^*}$.

Wie schon im Ein-Gut-Modell sei auch hier vereinfachend ein identisches Arbeitsangebot in beiden Ländern angenommen, das mit der gemeinsamen Rate n wächst. Der Faktor Arbeit ist international immobil und wird im In- und Ausland vollbeschäftigt eingesetzt.[1]
Dementsprechend haben die Pro-Kopf-Produktionsfunktionen folgendes Aussehen:

(3) $x_t = x(k_t, v_t) = \lambda k_t^\alpha v_t^\gamma$

(4) $v_t = v(k_t^*) = \lambda^* k_t^{*\alpha^*}$

Das Inlandsgut dient als Numeraire. Um den Output des Südens in Inlandseinheiten auszudrücken, wird dieser mit dem Relativpreis p_t multipliziert. Der Relativpreis gibt die Anzahl der Inlandsguteinheiten an, die gegen eine Auslandsguteinheit getauscht werden, entspricht in dieser Formulierung also den Terms of Trade des Südens.
Der Norden fragt in jeder Periode t solange Vorleistungen nach, bis die Grenzproduktivität der Vorleistung mit dem Relativpreis p_t übereinstimmt.

(5) $x_v(k_t, v_t) = p_t$

---

1) In Anbetracht des raschen Bevölkerungswachstums in der Dritten Welt sei zur Rechtfertigung dieser Annahme darauf hingewiesen, daß zwischen der Bevölkerung und dem Arbeitsangebot eines Landes zu unterscheiden ist.

Gleichung (5) kann als Gleichgewichtsbedingung für den Auslandsgütermarkt interpretiert werden. Die inländische Nachfrage nach den im Süden produzierten Vorleistungen ist eine Funktion der inländischen Kapitalintensität k_t und des Relativpreises p_t. Demgegenüber steht das preisunelastische Güterangebot des Südens, das einzig eine Funktion der ausländischen Kapitalintensität k_t^* ist. Bei zu Beginn einer Periode t gegebenen Kapitalintensitäten beider Länder bestimmt dann das Gleichgewicht auf dem Auslandsgütermarkt die Terms of Trade. Das Austauschverhältnis ist also eine endogene Größe, die den Vorleistungsmarkt klärt.

Auch die Faktoren Arbeit und Kapital werden in beiden Ländern gemäß ihrer Grenzproduktivität entlohnt.

(6)
$$w_t = x_t - x_k(k_t, v_t)k_t - x_v(k_t, v_t)v_t = \beta x(k_t, v_t)$$
$$r_t = x_k(k_t, v_t) = \frac{\alpha x_t}{k_t}$$

Bezeichnet w_t^* den in Auslandsguteinheiten (Vorleistungseinheiten) gemessenen Reallohnsatz im Ausland, dann beträgt das Lohneinkommen eines ausländischen Arbeiters in Inlandsguteinheiten

(7) $$p_t w_t^* = p_t(v_t - v_{k*}(k_t^*) k_t^*) = p_t \beta^* v(k_t^*),$$

und für den Entlohnungssatz des Kapitals r_t^* gilt[1]:

---

1) Die Grenzproduktivität des Kapitals im Ausland hat die Dimension "Vorleistungseinheit pro Inlandsguteinheit" und muß mit dem Relativpreis multipliziert werden, um mit der inländischen Kapitalgrenzproduktivität vergleichbar zu sein.

(8) $\quad r_t^* = p_t \, v_{k^*}(k_t^*) = p_t \, \dfrac{\alpha^* v_t}{k_t^*}.$

Das Inlandsgut wird von den Unternehmen zu investiven Zwecken und von den Haushalten zu konsumtiven Zwecken nachgefragt. Der Realkapitalstock, der bei der Produktion in der Periode t+1 benötigt wird, muß bereits in der Periode t finanziert werden. Hierzu geben die in- und ausländischen Unternehmen Wertpapiere zum Preis einer Inlandsguteinheit aus. Da diese perfekte Substitute darstellen, gilt ein einheitlicher Weltmarktzins r_{t+1}.
Die Unternehmer beider Länder haben einen Planungshorizont von zwei Perioden und streben nach Ertragswertmaximierung.

(9)
$$EW = -K_{t+1} + \dfrac{X_{t+1} - w_{t+1} L_{t+1} - p_{t+1} V_{t+1} + K_{t+1}}{1 + r_{t+1}} \longrightarrow \max$$

$$EW^* = -K_{t+1}^* + \dfrac{p_{t+1} V_{t+1} - p_{t+1} w_{t+1}^* L_{t+1} + K_{t+1}^*}{1 + r_{t+1}} \longrightarrow \max$$

Die optimalen Kapitalintensitäten im In- und Ausland sind gekennzeichnet durch die Übereinstimmung der Kapitalgrenzproduktivitäten mit dem einheitlichen Weltmarktzins.

(10) $\quad x_k(k_{t+1}, v_{t+1}) = v_{k^*}(k_{t+1}^*) \, p_{t+1} = r_{t+1}$

Während die optimale inländische Kapitalintensität neben dem Zinssatz auch von der Vorleistungsintensität v_{t+1} abhängt, ergibt sich bei der ausländischen Kapitalintensität eine Abhängigkeit vom Relativpreis und vom Zinssatz.
Unter der Annahme vollkommener Voraussicht antizipieren die

Unternehmer die Vorleistungsintensität v_{t+1} bzw. den Relativpreis p_{t+1}, so daß sich sowohl in- als auch ausländische Kapitalintensität ausschließlich als Funktion des einheitlichen Weltmarktzinses schreiben lassen. Bei Ausnutzung der Eigenschaften der Cobb-Douglas-Produktionsfunktionen

(11)
(a) $x_k(k_{t+1}, v_{t+1}) = \dfrac{\alpha x_{t+1}}{k_{t+1}}$

(b) $v_{k^*}(k^*_{t+1}) = \dfrac{\alpha^* v_{t+1}}{k^*_{t+1}}$

(c) $p_{t+1} = \dfrac{\gamma x_{t+1}}{v_{t+1}}$

läßt sich aus dem Ausgleich der Kapitalgrenzproduktivitäten eine einfache Beziehung zwischen den Kapitalintensitäten der beiden Länder ableiten.

(12) $k^*_{t+1} = \dfrac{\gamma \alpha^*}{\alpha} k_{t+1}$

Es besteht also zu jeder Zeit ein linearer Zusammenhang zwischen der in- und der ausländischen Kapitalintensität.

Ihr Verhältnis wird allein von der Größe der Produktionselastizitäten γ, α^* und α determiniert. Je höher der ausländische Beitrag am Inlandsoutput γ, je größer der Kapitaleinkommensanteil α^* im Ausland und je kleiner der entsprechende Anteil α im Inland, desto lohnender ist - im Vergleich zum Inland - eine Kapitalanlage im Ausland.[1]

---

1) Wie später noch zu sehen sein wird, bezeichnet $\gamma\alpha^*$ den im Süden und α den im Norden anfallenden Kapitaleinkommensanteil am Weltvolkseinkommen.

5.1.2 Konsum und Ersparnis

Jeder Inländer arbeitet in seiner Jugend zum Lohnsatz w_t und steht vor dem Problem, sein Lohneinkommen so in Gegenwartskonsum und Ersparnis aufzuteilen, daß sein Lebenszeitnutzen maximal wird. Der Entscheidung liegen die gleiche Nutzenfunktion und die gleiche Nebenbedingung wie in Abschnitt 4 zugrunde. Somit ergeben sich Ersparnis und Konsum in der Arbeitsperiode als konstante Bruchteile des Lohneinkommens.

(13) $\quad c_t^1 = (1 - \delta) w_t$

(14) $\quad s_t^j = \delta w_t$

Die Ersparnis der jungen Inländer entspricht dem Vermögen zu Beginn der Periode t+1. In Pro-Kopf-Form gilt

(15) $\quad (1+n) a_{t+1} = s_t^j.$

Unter Ausnutzung von (6) läßt sich das inländische Pro-Kopf-Vermögen a_{t+1} auch in Abhängigkeit vom Pro-Kopf-Output des Inlandes x_t schreiben.

(16) $\quad a_{t+1} = \frac{\delta \beta}{1+n} x(k_t, v_t)$

Im Alter leben die Individuen von den Ersparnissen aus ihrer Arbeitsperiode und den darauf anfallenden Zinsen. Sie bauen ihr gesamtes während des Arbeitslebens gebildete Vermögen ab. Zudem verbrauchen sie ihr gesamtes Zinseinkommen zu Konsumzwecken.

(17) $\quad c_t^2 = (1+r_{t+1}) s_t^j$

Der Gesamtkonsum aller Inländer C_t in der Periode t setzt sich zusammen aus dem Konsum der L_t jungen und L_{t-1} alten Inländer.

(18) $\quad C_t = c_t^1 L_t + c_{t-1}^2 L_{t-1}$

Unter Berücksichtigung von (13) sowie Rückdatierung von (17) und (15) folgt aus (18) ein Ausdruck für den Konsum aller Inländer in Pro-Kopf-Schreibweise.

(19) $\quad c_t = (1 - \delta) w_t + (1 + r_t) a_t$

Die gesamtwirtschaftliche Ersparnis setzt sich zusammen aus der Ersparnis der jungen Inländer und dem Entsparen der alten Inländer.

(20) $\quad s_t = (1 + n) a_{t+1} - a_t$

Die Ausländer maximieren ihre landesspezifische Nutzenfunktion. In der Nebenbedingung ist allerdings zu berücksichtigen, daß das Lohneinkommen w_t^* noch mit dem Relativpreis p_t zu multiplizieren ist.

(21) $\quad c_t^{2*} = (1 + r_{t+1}) (p_t w_t^* - c_t^{1*})$

Dementsprechend sparen die Ausländer in ihrem ersten Lebensabschnitt den Teil δ^* des in Inlandsguteinheiten gemessenen Lohneinkommens und konsumieren den Rest.

(22) $\quad c_t^{1*} = (1 - \delta^*) p_t w_t^*$

(23) $\quad s_t^{j*} = \delta^* p_t w_t^*$

Das Pro-Kopf-Vermögen der Ausländer zu Beginn der Periode t+1 stimmt mit der Pro-Kopf-Ersparnis der jungen Ausländer aus der Periode t überein.

(24) $\quad (1 + n)\, a^*_{t+1} = s^{j*}_t$

Auch das Pro-Kopf-Vermögen der Ausländer a^*_{t+1} läßt sich unter Berücksichtigung von (7) sowie Rückdatierung von (11c) zum Pro-Kopf-Inlandsoutput x_t in Beziehung setzen.

(25) $\quad a^*_{t+1} = \frac{\delta^* \beta^* \gamma}{(1+n)}\, x(k_t, v_t)$

Der Gesamtkonsum aller Ausländer in der Periode t besteht aus dem Konsum der zu dieser Zeit lebenden jungen und alten Ausländer. Die gesamtwirtschaftliche Ersparnis entspricht der Differenz der Ersparnis der jungen Ausländer und dem Entsparen der alten Generation. In Pro-Kopf-Größen folgt daher

(26) $\quad c^*_t = (1 - \delta^*)\, p_t w^*_t + (1 + r_t)\, a^*_t$

(27) $\quad s^*_t = (1 + n)\, a^*_{t+1} - a^*_t.$

Aus den Gleichungen (16) und (25) kann ein stets geltender Zusammenhang zwischen den Pro-Kopf-Vermögensbeständen der In- und Ausländer hergeleitet werden.

(28) $\quad a^*_{t+1} = \frac{\delta^* \beta^* \gamma}{\delta \beta}\, a_{t+1}$

Die Pro-Kopf-Vermögensbestände a^*_{t+1} und a_{t+1} stehen wie die Kapitalintensitäten in einem linearen Verhältnis zueinander. Je größer δ^*, β^*, γ und je kleiner δ, β, desto größer ist das Pro-Kopf-Vermögen der Ausländer in Relation zu dem der Inländer.

5.1.3 Gleichgewicht auf Kapital- und Inlandsgütermarkt

Es soll nun gezeigt werden, daß der Weltmarktzins simultan für eine Räumung des Inlandsgüter- und Kapitalmarktes sorgt. Wir gehen aus von dem Markt, auf dem Einheiten des Inlandsgutes gehandelt werden. Im Gleichgewicht muß das inländische Güterangebot x_t mit der Nachfrage nach Inlandsgütern übereinstimmen. Letztere setzt sich zusammen aus der Konsumnachfrage aller in- und ausländischen Haushalte sowie der Investitionsnachfrage der in- und ausländischen Unternehmen.

(29) $\quad x_t = c_t + c_t^* + i_t + i_t^*$

Anders als im Ein-Gut-Modell der substitutiven Arbeitsteilung besteht nun ein Unterschied zwischen Inlandsoutput x_t (= Produktionswert aller inländischen Unternehmen) und dem Inlandsprodukt (= Wertschöpfung des Inlands) in Höhe der in Inlandsguteinheiten gemessenen Vorleistungen $p_t v_t$. Subtrahiert man diesen Ausdruck auf beiden Seiten von Gleichung (29), folgt nach kurzer Umformung

(30) $\quad x_t - p_t v_t - c_t - i_t = -(p_t v_t - c_t^* - i_t^*)$

Die linke Seite dieser Gleichung beschreibt den Handelsbilanzsaldo des Inlandes als Differenz zwischen Inlandsprodukt ($x_t - p_t v_t$) und Absorption ($c_t + i_t$) der Inländer. Die rechte Seite stimmt mit dem Handelsbilanzsaldo des Auslandes (in Inlandsguteinheiten) überein. Gleichung (30) besagt, daß im Gleichgewicht einem positiven Handelsbilanzsaldo des einen Landes ein negativer Handelsbilanzsaldo des anderen Landes in gleicher Größe gegenüberstehen muß.

Die Auslandsposition ist weiterhin als Differenz zwischen Reinvermögen und Kapitalstock definiert.

$$z_t = a_t - k_t$$

(31)
$$z_t^* = a_t^* - k_t^*$$

Ex post entspricht natürlich einer positiven Auslandsposition des Inlandes eine negative Auslandsposition des Auslandes.

(32) $\quad z_t = - z_t^*$

Im Regelfall wird die Auslandsposition nicht ausgeglichen sein. Bei Berücksichtigung der dann an das bzw. von dem Ausland zu leistenden Zinszahlungen werden in beiden Ländern Volkseinkommen und Inlandsprodukt voneinander abweichen.

(33) $\quad y_t = x_t - p_t v_t + r_t z_t$

(34) $\quad y_t^* = p_t v_t - r_t z_t$

Sowohl inländisches wie auch ausländisches Volkseinkommen sind in den Gleichungen (33) und (34) in Inlandsguteinheiten angegeben. Addiert man beide Gleichungen, ist zu erkennen, daß das Weltvolkseinkommen mit dem Inlandsoutput übereinstimmt.
Durch Einsetzen von (33) und (34) in (30) folgt eine alternative Formulierung des Gütermarktgleichgewichts.

(35) $\quad y_t - c_t - i_t = - (y_t^* - c_t^* - i_t^*)$

Die linke Seite von Gleichung (35) beschreibt den Leistungsbilanzsaldo des Inlandes, die rechte Seite den des Auslandes. Um nun zu zeigen, daß ein Gleichgewicht auf dem Inlandsgütermarkt und dem Weltkapitalmarkt simultan gegeben ist, wird stellvertretend für beide Länder der inländische Leistungsbilanzsaldo umgeformt. Aus

$$q_t = y_t - c_t - i_t$$

folgt unter Berücksichtigung von (19) und (33)

$$q_t = w_t + r_t k_t + r_t z_t - (1 - \delta) w_t - (1 + r_t) a_t - i_t.$$

Nach kurzer Umformung unter Ausnutzung der Gleichungen (20), (31), (14) und (15) gelangt man - völlig analog zu Abschnitt 4 vorgehend - zu der bekannten Beziehung, die den Leistungsbilanzsaldo eines Landes als Differenz von (gesamtwirtschaftlicher) Ersparnis und Investition beschreibt.

$$q_t = s_t - i_t$$

Entsprechend ergibt sich für den ausländischen Leistungsbilanzsaldo

$$q_t^* = s_t^* - i_t^*.$$

Aus der Inlandsgütermarktgleichgewichtsbedingung (29) folgt somit die Weltkapitalmarktgleichgewichtsbedingung

(36) $\quad s_t - i_t = i_t^* - s_t^*.$

Aufgrund der ex post erfüllten Übereinstimmung von Weltkapitalstock und Weltreinvermögen läßt sich die Kapitalmarktgleichgewichtsbedingung in ihrer bestandgrößenorientierten Version schreiben.

(37) $\quad k_{t+1} + k_{t+1}^* = a_{t+1} + a_{t+1}^*$

Bei in der Periode t gegebenen Kapitalintensitäten k_t und
k_t^* sowie antizipierten Terms of Trade und Faktoreinsatz
sind die geplanten Größen der in- und ausländischen Kapitalintensität allein eine Funktion des Weltmarktzinses, der -
analog zu Abschnitt 4 - simultan den Inlandsgütermarkt und
den Weltkapitalmarkt ins Gleichgewicht bringt.
Auf eine Darstellung der Bestimmung des Weltmarktzinses sei
daher hier verzichtet.

Aus der Kapitalmarktgleichgewichtsbedingung (37) läßt sich
unter Berücksichtigung von (16), (25), und (12) das folgende
Differenzengleichungssystem herleiten, das die Entwicklung
der in- und ausländischen Kapitalintensität beschreibt.[1]

$$\Delta k = k_{t+1} - k_t = \frac{\alpha}{\alpha + \gamma\alpha^*} m_o \, x(k_t, v(k_t^*)) - k_t$$

(38) $$\Delta k^* = k_{t+1}^* - k_t^* = \frac{\gamma\alpha^*}{\alpha + \gamma\alpha^*} m_o \, x(k_t, v(k_t^*)) - k_t^*$$

mit $$m_o = \frac{\delta\beta + \delta^*\beta^*\gamma}{1+n}$$

Bei gegebenen Kapitalintensitäten k_t und k_t^* sind auch die
Pro-Kopf-Outputs beider Länder und die Entlohnung der Produktionsfaktoren determiniert. Aus dem Sparverhalten kann
dann auf die Pro-Kopf-Vermögensbestände des In- und Auslands
a_{t+1} und a_{t+1}^* geschlossen werden. Der Ausgleich der Kapitalgrenzproduktivitäten bestimmt unter der Annahme vollkommener Voraussicht die Aufteilung des Weltvermögens auf die
beiden Länderkapitalstöcke. Hieraus folgen bei exogenem
Wachstum des Arbeitseinsatzes die Kapitalintensitäten in
der Periode t+1.

Alternativ läßt sich die zeitliche Entwicklung auch in den
Pro-Kopf-Vermögensgrößen der beiden Länder beschreiben. Aus

---

1) Zur Erleichterung der Schreibarbeit sei die Hilfsgröße m_o eingeführt.

der Bedingung (12), die den Ausgleich der Kapitalgrenzproduktivitäten fordert, erhält man unter Berücksichtigung der Definitionsgleichungen für die Auslandsposition und der Kapitalmarktgleichgewichtsbedingung den folgenden Ausdruck:

(39) $\quad a^*_{t+1} + z_{t+1} = \frac{\gamma \alpha^*}{\alpha} (a_{t+t} - z_{t+1})$

Diese Gleichung determiniert bei gegebenen Pro-Kopf-Vermögensbeständen a_{t+1} und a^*_{t+1} die Auslandsposition z_{t+1}. Aus den Sparfunktionen (16) und (25) folgen die beiden Differenzengleichungen

(40)
$$\Delta a = a_{t+1} - a_t = \frac{\delta \beta}{1+n} x((a_t - z_t), v(a^*_t + z_t)) - a_t$$
$$\Delta a^* = a^*_{t+1} - a^*_t = \frac{\delta^* \beta^* \gamma}{1+n} x((a_t - z_t), v(a^*_t + z_t)) - a^*_t.$$

Bei gegebenen Pro-Kopf-Vermögensbeständen a_t und a^*_t erhält man durch Rückdatierung von (39) die Auslandsposition z_t. Damit sind auch die Kapitalintensitäten k_t und k^*_t bestimmt. Aus den Sparfunktionen lassen sich dann die Pro-Kopf-Vermögensbestände der nächsten Periode a_{t+1} und a^*_{t+1} sowie mittels (39) auch die Auslandsposition z_{t+1} berechnen.

Aus der Gleichgewichtsbedingung für den Auslandsgütermarkt ergibt sich eine funktionale Abhängigkeit der Terms of Trade von den Kapitalintensitäten.

(41) $\quad p_{t+1} = \frac{\gamma x(k_{t+1}, v(k^*_{t+1}))}{v(k^*_{t+1})}$

Die zeitliche Entwicklung der Kapitalintensitäten determiniert den Zeitpfad der inländischen Importnachfrage, des ausländischen Vorleistungsangebots und somit der Terms of Trade.

5.2 Stabilität und Steady-State

Die Differenzengleichungen in (38) sind nicht unabhängig voneinander. Dies impliziert, daß sich die zeitliche Entwicklung des Systems an einer einzigen Variablen festmachen läßt. Die Kapitalintensitäten stehen auch in der Periode t in linearer Beziehung zueinander.

$$k_t^* = \frac{\gamma \alpha^*}{\alpha} k_t$$

Setzt man diesen Ausdruck in die erste Gleichung von (38) ein, ergibt sich die zentrale Bewegungsgleichung, die die Kapitalintensität k_{t+1} in Abhängkeit von k_t bestimmt. Diese Differenzengleichung ist stabil, wenn gilt

$$(42) \quad \frac{dk_{t+1}}{dk_t} = \frac{\alpha}{\alpha + \gamma \alpha^*} m_o (x_k + x_v v_{k^*} \frac{\gamma \alpha^*}{\alpha})$$

$$= m_o r_t < 1.$$

Konvergiert die Folge momentaner Gleichgewichte gegen den Steady-State, ändert sich die inländische Kapitalintensität nicht mehr. Alle anderen Modellvariablen werden dann auch zu Konstanten.

Für $\Delta k = 0$ und $\Delta k^* = 0$ folgen unter Vernachlässigung der Zeitindizes aus (38) zwei Gleichungen, die die in- und ausländische Kapitalintensität im Steady-State bestimmen.

$$(43) \quad \Delta k = 0 = \frac{\alpha}{\alpha + \gamma \alpha^*} m_o \, x(k, v(k^*)) - k$$

$$(44) \quad \Delta k^* = 0 = \frac{\gamma \alpha^*}{\alpha + \gamma \alpha^*} m_o \, x(k, v(k^*)) - k^*$$

Aus (43) läßt sich unter Ausnutzung der Eigenschaften einer Cobb-Douglas-Produktionsfunktion ein Ausdruck für den Weltmarktzins im Steady-State herleiten.

(45) $\quad r = \dfrac{\alpha + \gamma\alpha^*}{m_0}$

Substituiert man in der Stabilitätsbedingung (42) r_t durch (45), folgt wegen

$$\alpha + \gamma\alpha^* < 1,$$

daß (lokale) Stabilität gewährleistet ist.

Die anderen Modellvariablen lassen sich als Funktion der Kapitalintensitäten k und k* schreiben.

(46) $\quad x = x(k, v(k^*))$

(47) $\quad a = \dfrac{\delta\beta}{1+n} x$

(48) $\quad a^* = \dfrac{\delta^*\beta^*\gamma}{1+n} x$

Die inländische Auslandsposition pro Kopf ergibt sich als Differenz von Pro-Kopf-Vermögen der Inländer und der inländischen Kapitalintensität

(49) $\quad z = a - k$

oder als Differenz der ausländischen Kapitalintensität und dem Pro-Kopf-Vermögen der Ausländer.

(50) $\quad z = k^* - a^*$

Einen Ausdruck für die Terms of Trade im Steady State erhält man aus (41) unter Vernachlässigung der Zeitindizes.

(51) $p = \dfrac{\gamma x(k, v(k^*))}{v(k^*)}$

Sämtliche Steady-State-Werte der Systemvariablen können auch in Abhängigkeit der Modellparameter angegeben werden, was hier nicht geschehen soll. Stattdessen wird deren Bestimmung in verschiedenen Diagrammen beschrieben, die die Grundlage einer späteren Analyse exogener Störungen bilden.

5.2.1 Die Darstellung im k,k*-Diagramm

Den Ausgangspunkt zur Bestimmung des Wachstumsgleichgewichts im k,k*-Raum bilden die beiden Gleichungen (43) und (44). Um Aussagen über den Verlauf der diesen Gleichungen entsprechenden Kurven machen zu können, werden (43) und (44) partiell nach k bzw. k* differenziert.

(52)

(a) $\dfrac{\partial \Delta k}{\partial k} = \dfrac{\alpha}{\alpha + \gamma \alpha^*} m_0 \, x_k - 1 = \dfrac{\alpha}{\alpha + \gamma \alpha^*} m_0 \, r - 1 < 0$

(b) $\dfrac{\partial \Delta k}{\partial k^*} = \dfrac{\alpha}{\alpha + \gamma \alpha^*} m_0 \, x_v \, v_{k^*} = \dfrac{\alpha}{\alpha + \gamma \alpha^*} m_0 \, r > 0$

(c) $\dfrac{\partial \Delta k^*}{\partial k} = \dfrac{\gamma \alpha^*}{\alpha + \gamma \alpha^*} m_0 \, r > 0$

(d) $\dfrac{\partial \Delta k^*}{\partial k^*} = \dfrac{\gamma \alpha^*}{\alpha + \gamma \alpha^*} m_0 \, r - 1 < 0$

Die Eindeutigkeit der Vorzeichen von (52a) und (52d) ergibt sich aus der Gültigkeit der Stabilitätsbedingung (42).

$m_0 \, r - 1 < 0 \quad \Rightarrow \quad \dfrac{\alpha}{\alpha + \gamma \alpha^*} m_0 \, r - 1 \ll 0$

und $\quad \dfrac{\gamma \alpha^*}{\alpha + \gamma \alpha^*} m_0 \, r - 1 \ll 0$

Aufgrund der Regel zur Differentiation impliziter Funktionen läßt sich folgern:

$$\left.\frac{dk^*}{dk}\right|_{\Delta k = 0} = - \frac{\partial \Delta k/\partial k}{\partial \Delta k/\partial k^*} > 0$$

$$\left.\frac{dk^*}{dk}\right|_{\Delta k^* = 0} = - \frac{\partial \Delta k^*/\partial k}{\partial \Delta k^*/\partial k^*} > 0$$

Beide Steady-State-Kurven weisen also eine positive Steigung auf. Zudem kann gezeigt werden, daß die Elastizität der $\Delta k=0$-Kurve größer als eins und die der $\Delta k^*=0$-Kurve kleiner als eins ist.
Der Verlauf beider Kurven ist in Abbildung 24 graphisch dargestellt. Die k-Kurve, der die Gleichung (43) zugrundeliegt, beschreibt die Kombinationen von k und k*, bei denen sich die inländische Kapitalintensität nicht ändert. Für die k*-Kurve, der die Gleichung (44) zugrundeliegt, gilt dementsprechend $\Delta k^* = 0$. Beide Kurven gehen durch den Ursprung und schneiden sich im Punkt K, dem Steady-State.

Durch den Ursprung und den Schnittpunkt K verläuft die z-Gerade, die den Ausgleich der Kapitalgrenzproduktivitäten gemäß Gleichung (12) beschreibt. Der lineare Zusammenhang zwischen den Kapitalintensitäten gilt zu jeder Zeit, daher auch im Steady-State.

(53) $\quad k^* = \frac{\gamma \alpha^*}{\alpha} k$

Dies hat zur Folge, daß die z-Gerade und eine der Steady-State-Kurven vollkommen ausreichen, die Kapitalintensitäten k und k* im Wachstumsgleichgewicht zu bestimmen.

Abb. 24: In- und ausländisches Sachvermögen im Steady-State

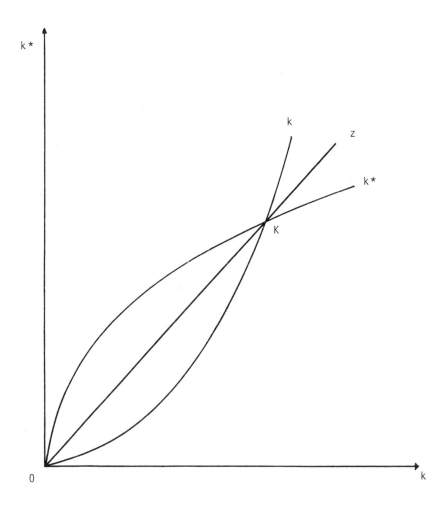

5.2.2 Die Darstellung im a,a*-Diagramm

Besonders aufschlußreich ist die nun folgende Betrachtung im a,a*-Raum (Abbildung 25), da hier neben den Pro-Kopf-Vermögensgrößen auch die Auslandsposition und die Kapitalintensitäten erfaßt werden sollen.[1]
Wir beginnen mit der Darstellung der Bedingung, die den Ausgleich der Kapitalgrenzproduktivitäten verlangt. Unter Vernachlässigung der Zeitindizes folgt aus (39)

$$(54) \quad a^* + z = \frac{\gamma \alpha^*}{\alpha} (a - z).$$

Setzt man in dieser Gleichung $z = 0$, ergibt sich eine Beziehung zwischen den Pro-Kopf-Vermögensbeständen der In- und Ausländer bei ausgeglichener Auslandsposition. Die Steigung dieser durch den Ursprung und den Punkt K gehenden Geraden beträgt klarerweise $\tan \zeta = \gamma \alpha^*/\alpha$. Die Punkte auf der Geraden beschreiben Kombinationen in- und ausländischer Kapitalintensitäten im a,a*-Raum, für die der Ausgleich der Kapitalgrenzproduktivitäten erfüllt ist (z-Gerade in Abb. 25). Wählt man sich nun einen beliebigen Steady-State mit den Koordinaten a und a*, beispielsweise den Punkt B in Abb. 25, und legt durch diesen Punkt eine Isoweltvermögensgerade, die nichts anderes als ein Gleichgewicht auf dem Weltkapitalmarkt fordert, dann repräsentieren die Koordinaten des Schnittpunktes K die Steady-State-Kapitalintensitäten der beiden Länder. Die Auslandsposition z erscheint

---

[1] Im Gegensatz zum Ein-Gut-Modell der substitutiven Arbeitsteilung in Abschnitt 4 ist im Zwei-Güter-Modell der komplementären Arbeitsteilung eine Darstellung der Auslandsposition und der Pro-Kopf-Vermögensbestände auch im k,k*-Diagramm problemlos möglich. Aufgrund der völlig analogen Vorgehensweise ist es aber sicherlich ausreichend, auf diese Zusammenhänge nur im a,a*-Diagramm einzugehen.

Abb. 25: Reinvermögen, Sachvermögen und Auslandsposition im Steady-State - die Darstellung im a,a*-Diagramm

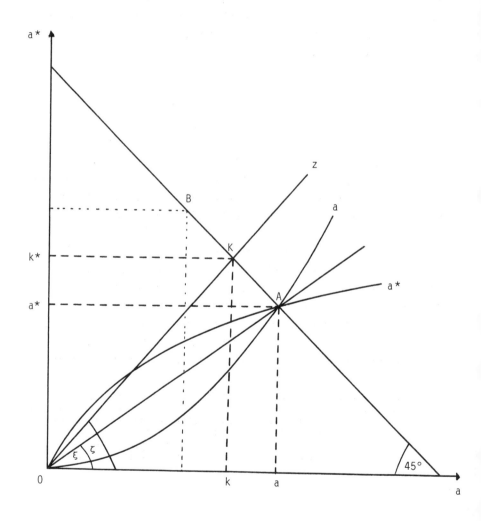

als Differenz der Abzissen- bzw. Ordinatenabschnitte der Punkte B und K. Für Kombinationen von a und a*, die rechts von der z-Geraden liegen, gilt daher $z > 0$. Links von dieser Geraden gilt entsprechend $z < 0$.

Nach kurzer Umformung der Gleichung (54) folgt die Beziehung

(55) $\quad z = \dfrac{\gamma a^*}{\alpha + \gamma a^*} a - \dfrac{\alpha}{\alpha + \gamma a^*} a^*$

mit den partiellen Ableitungen

(56)
$$\dfrac{\partial z}{\partial a} = \dfrac{\gamma a^*}{\alpha + \gamma a^*} > 0$$
$$\dfrac{\partial z}{\partial a^*} = - \dfrac{\alpha}{\alpha + \gamma a^*} < 0.$$

Bei gegebenem Pro-Kopf-Vermögen der Ausländer ist die inländische Auslandsposition z umso größer, je größer das Pro-Kopf-Vermögen der Inländer. Umgekehrt verringert ein größeres Vermögen der Ausländer bei konstantem Vermögen der Inländer die inländische Auslandsposition.

Zu beantworten bleibt die Frage nach der Bestimmung des Steady-States, der bislang willkürlich als Punkt B angenommen wurde.
Setzt man in (40) $\Delta a = 0$ und $\Delta a^* = 0$, ergeben sich unter Vernachlässigung der Zeitindizes die beiden aus der qualitativen Analyse bekannten Steady-State-Kurven.

(57)
$$\Delta a = 0 = \dfrac{\delta \beta}{1+n} x(a - z, v(a^* + z)) - a$$
$$\Delta a^* = 0 = \dfrac{\delta^* \beta^* \gamma}{1+n} x(a - z, v(a^* + z)) - a^*$$

Nach partieller Differentiation von (57) unter Berücksichtigung von (56) erhält man

$$
(58) \quad
\begin{array}{ll}
(a) & \dfrac{\partial \Delta a}{\partial a} = \dfrac{\delta \beta}{1+n} r - 1 \quad < 0 \\[2mm]
(b) & \dfrac{\partial \Delta a}{\partial a^*} = \dfrac{\delta \beta}{1+n} r \quad > 0 \\[2mm]
(c) & \dfrac{\partial \Delta a^*}{\partial a} = \dfrac{\delta^* \beta^* \gamma}{1+n} r \quad > 0 \\[2mm]
(d) & \dfrac{\partial \Delta a^*}{\partial a^*} = \dfrac{\delta^* \beta^* \gamma}{1+n} r - 1 \quad < 0,
\end{array}
$$

wobei zur Bestimmung der Vorzeichen von (58a) und (58d) die Gültigkeit der Stabilitätsbedingung (42) ausgenutzt wird.

$$m_0 r - 1 < 0 \quad \Rightarrow \quad \dfrac{\delta \beta}{1+n} r - 1 \ll 0$$

und $\quad \dfrac{\delta^* \beta^* \gamma}{1+n} r - 1 \ll 0$

Durch Anwendung der Regel zur Differentiation impliziter Funktionen folgt, daß sowohl $\Delta a=0$- wie auch $\Delta a^*=0$-Kurve eine positive Steigung aufweisen.

$$\left.\dfrac{da^*}{da}\right|_{\Delta a = 0} = - \dfrac{\partial \Delta a / \partial a}{\partial \Delta a / \partial a^*} \quad > 0$$

$$\left.\dfrac{da^*}{da}\right|_{\Delta a^* = 0} = - \dfrac{\partial \Delta a^* / \partial a}{\partial \Delta a^* / \partial a^*} \quad > 0$$

Zudem kann gezeigt werden, daß die Elastizität der $\Delta a=0$-Kurve größer als eins, die der $\Delta a^*=0$-Kurve dagegen kleiner als eins ist.
Die beiden Steady-State-Kurven, die in Abbildung 25 als a- bzw. a*-Kurve erscheinen, schneiden sich im Ursprung. Dies war im Ein-Gut-Modell nicht notwendigerweise der Fall. Bei der im Zwei-Güter-Modell unterstellten Arbeitsteilung ist aber ein Land auf das andere angewiesen. Ohne ausländische Produktion ergibt sich kein ausländisches Reinvermögen und ist auch keine inländische Produktion möglich, d.h. ent-

steht kein Reinvermögen der Inländer.
Der zweite Schnittpunkt beider Kurven bildet das eigentliche Wachstumgleichgewicht ab. Dennoch kann allein aufgrund der Kurvenverläufe keine unmittelbare Aussage gemacht werden, ob der Schnittpunkt links, rechts oder auf der z-Geraden liegt. In Abbildung 25 ist der Fall einer inländischen Gläubigerposition eingezeichnet, da sich die a- und die a*-Kurve im Punkt A rechts von der z-Geraden schneiden. Ebenso ließe sich natürlich der Fall konstruieren, daß der Schnittpunkt beider Kurven links von der z-Geraden (z.B. im Punkt B) liegt. Es fehlt also noch ein Kriterium, welches das Vorzeichen der Auslandsposition bestimmt.

Durch den Ursprung und den zweiten Schnittpunkt der beiden Steady-State-Kurven verläuft eine Gerade, die das Pro-Kopf-Vermögen der Ausländer in Beziehung setzt zu dem der Inländer. Aus (57) folgt

(59) $\quad a^* = \dfrac{\delta^* \beta^* \gamma}{\delta \beta} a.$

Die Steigung dieser Geraden beträgt $tg\xi = \delta^*\beta^*\gamma/\delta\beta$. Je nachdem, ob die Steigung dieser Geraden größer, gleich oder kleiner als die Steigung der z-Geraden ist, ergibt sich eine negative, ausgeglichene oder positive inländische Auslandsposition.

(60) $\quad z \gtreqless 0 \quad <=> \quad \dfrac{\gamma \alpha^*}{\alpha} \gtreqless \dfrac{\delta^*\beta^*\gamma}{\delta\beta} \quad <=> \quad \dfrac{\delta\beta}{\alpha} \gtreqless \dfrac{\delta^*\beta^*}{\alpha^*}$

Die Bedingung, ob das Inland eine Schuldner-, Gläubiger- oder ausgeglichene Auslandsposition aufweist, ist identisch mit der Bedingung im Ein-Gut-Modell bei Annahme von Cobb-Douglas-Produktionsfunktionen. Die Produktionselastizität γ geht insofern in die Bedingung (60) ein, als durch sie der Anteil der inländischen Wertschöpfung am Inlandsoutput

($\alpha + \beta$) nunmehr kleiner als eins ist. Für das Vorzeichen der Auslandsposition ist neben den Sparneigungen allerdings nur das Verhältnis der Produktionselastizitäten des Kapitals und der Arbeit im In- und Ausland von Bedeutung. Ausgehend von einer ausgeglichenen Auslandsposition führt daher eine Änderung der Einkommensverteilung zugunsten der im Ausland beschäftigten Faktoren nur dann zu einer inländischen Schuldnerposition, wenn die Umverteilung mehr zulasten des Faktors Arbeit als zulasten des Faktors Kapital im Inland geht.

5.2.3 Die Darstellung im p,k-Diagramm

In einer möglichst einfach gehaltenen Darstellung soll nun die Bestimmung des Steady-States im p,k-Diagramm erfolgen.[1] Aus der Gleichgewichtsbedingung für den Auslandsgütermarkt folgt mit (51) eine Beziehung zwischen den Terms of Trade und den Kapitalintensitäten der Länder. Aufgrund des Ausgleichs der Kapitalgrenzproduktivitäten lassen sich die Terms of Trade auch allein als Funktion der inländischen Kapitalintensität schreiben.
Zur Bestimmung der Eigenschaften dieser Beziehung wird die Gleichung (51) total differenziert.

$$p \, dv + v \, dp = \gamma (x_k \, dk + x_v \, dv)$$

Wegen

$$dv = v_{k*} \, dk*$$

---

[1] Molana/Vines (1988) analysieren Steady-State und zeitliche Entwicklung der Terms of Trade ebenfalls im p,k-Raum. Häufig anzutreffen sind in Nord-Süd-Modellen auch Darstellungen im p,r-Raum, beispielsweise bei Van Wijnbergen (1985).

und
$$dk^* = \frac{\gamma \alpha^*}{\alpha} dk$$

folgt nach kurzer Umformung die Elastizität

(61) $\varepsilon_{p,k} = \frac{dp}{dk} \frac{k}{p} = \alpha - (1-\gamma)\alpha^*,$

die auf jeden Fall größer als minus eins und kleiner als plus eins ist. Aus Gleichung (61) läßt sich ein einfaches Kriterium für das Vorzeichen der Elastizität herleiten.

(62) $\varepsilon_{p,k} \gtreqless 0 \quad <=> \quad \frac{\alpha}{(1-\gamma)} \gtreqless \alpha^*$

Die drei zu unterscheidenden Fälle finden ihren Ausdruck in den verschiedenen Verläufen der p(k)-Kurve in Abbildung 26. Je nach Größe der Produktionselastizitäten α, γ und α^* erscheint die p(k)-Kurve als p_1-, p_2- oder p_3-Kurve und weist entsprechend eine Steigung größer, gleich oder kleiner als null auf.

Aus (43) und (44) läßt sich die inländische Kapitalintensität k als Funktion der Systemparameter ermitteln. Sie wird in Abbildung 26 als Senkrechte unabhängig von den Terms of Trade eingezeichnet. Ihr Schnittpunkt mit der p(k)-Kurve bestimmt die Terms of Trade im Steady-State.

Abb. 26: Terms of Trade und inländisches Sachvermögen im Steady-State

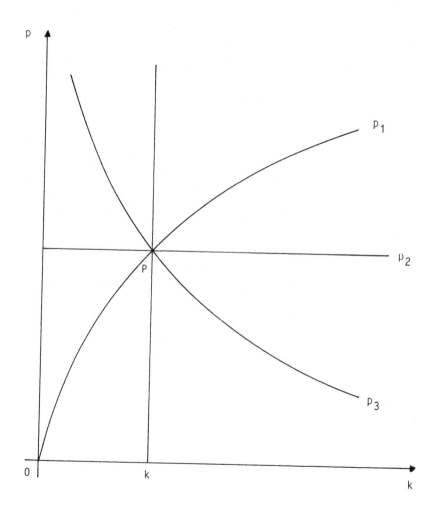

5.3 Dynamik

Zur Beschreibung der zeitlichen Entwicklung der Modellvariablen greifen wir auf die Darstellungen im a,a*- und p,k-Diagramm zurück. Der k,k*-Raum wird nicht weiter betrachtet, da sich der Zeitpfad der Kapitalintensitäten auch im a,a*-Diagramm verfolgen läßt.

5.3.1 Die Darstellung im a,a*-Diagramm

Eine Möglichkeit, Aussagen zur Dynamik des Systems herzuleiten, besteht in der Auswertung der partiellen Ableitungen von (40). Allerdings besitzen wir aufgrund der fehlenden Unabhängigkeit der Differenzengleichungen in (40) zusätzlich verwertbare Informationen.
Die in Abbildung 27 durch den Ursprung und den Steady-State K gehende z-Gerade, die im a,a*-Raum die Kombinationen in- und ausländischer Kapitalintensitäten beschreibt, bei denen der Ausgleich der Kapitalgrenzproduktivitäten erfüllt ist, gilt nicht nur im Steady-State, sondern zu jedem Zeitpunkt. Wegen

$$0 < \frac{dk_{t+1}}{dk_t} < 1$$

konvergieren die Kapitalintensitäten beider Länder daher - ausgehend von einem beliebigen temporären Gleichgewicht, z.B. Punkt K_1 - auf der z-Geraden monoton gegen den Steady-State K.
Auch zwischen den Pro-Kopf-Vermögensgrößen der In- und Ausländer besteht gemäß Gleichung (28) zu jeder Zeit ein linearer Zusammenhang, wobei die Größe der Produktionselastizitäten und Zeitpräferenzraten entscheidet, ob die Steigung dieser ã-Geraden größer, gleich oder kleiner als die der z-

Abb. 27: Die zeitliche Entwicklung der Vermögensgrößen und der Auslandsposition

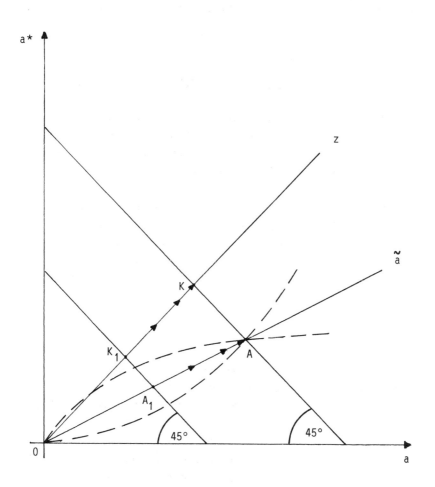

Geraden ausfällt.
Legt man durch den Punkt K_1 eine Isoweltvermögensgerade, dann ergibt sich durch deren Schnittpunkt mit der ã-Geraden die Verbindung zu den entsprechenden Vermögensgrößen des temporären Ausgangsgleichgewichts, die als Koordination des Punktes A_1 in Abbildung 27 erscheinen.
Somit konvergieren die Pro-Kopf-Vermögensgrößen beider Länder auf der ã-Geraden ebenfalls monoton gegen den Steady-State im Punkt A.
Die in Abbildung 27 unterstellte inländische Gläubigerposition vergrößert sich auf dem Weg zum Steady-State - bei wachsenden Kapitalintensitäten in den Ländern - ständig. Ebenso ließe sich natürlich der Fall einer mit steigenden Kapitalintensitäten größer werdenden inländischen Schuldnerposition oder einer im Zeitverlauf ausgeglichenen Auslandsposition konstruieren.

5.3.2 Die Darstellung im p,k-Diagramm

Der Zeitpfad der Terms of Trade wird im p,k-Diagramm durch die p(k)-Kurve erfaßt, die auch außerhalb des Steady-States Gültigkeit besitzt. In Abbildung 28 weist die p-Kurve einen fallenden Verlauf auf, d.h. es ist die Parameterkonstellation

$$\frac{\alpha}{(1-\gamma)} < \alpha^*$$

angenommen. Ausgehend von einem temporären Gleichgewicht, z.B. Punkt P_1, werden sich die Terms of Trade des Südens bei steigenden Kapitalintensitäten in beiden Ländern auf dem Weg zum Steady-State P fortlaufend verschlechtern. Diese Entwicklung ist folgendermaßen zu erklären. Aufgrund des stets geltenden linearen Zusammenhangs zwischen der in-

Abb. 28: Die zeitliche Entwicklung der Terms of Trade und des inländischen Sachvermögens bei negativer Steigung der p(k)-Kurve

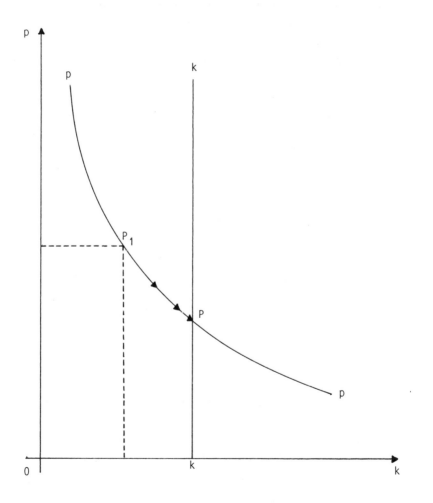

und ausländischen Kapitalintensität stimmen die prozentualen Steigerungen der Kapitalintensitäten beider Länder zu jeder Zeit überein. Eine um ein Prozent größere ausländische Kapitalintensität erhöht den Pro-Kopf-Output des Südens, d.h. das Vorleistungsangebot, um α^* Prozent. Demgegenüber steht eine durch die höhere inländische Kapitalintensität ausgelöste Steigerung der Vorleistungsnachfrage des Nordens um $\alpha/(1-\gamma)$ Prozent. Erhöht sich das Angebot mehr als die Nachfrage, müssen die den Markt klärenden Terms of Trade sinken.

Vergleichen wir das Kriterium für das Vorzeichen der Auslandsposition (60) mit dem für die Steigung der p(k)-Kurve (62), so ergibt sich ein interessantes Ergebnis. Hierzu formen wir (62) zu der folgenden Bedingung um:

$$\varepsilon_{p,k} \gtreqless 0 \quad <=> \quad \frac{\beta^*}{\alpha^*} \gtreqless \frac{\beta}{\alpha}$$

Entscheidend für das Vorzeichen der Steigung der p(k)-Kurve ist also das Verhältnis der Produktionselastizitäten der Arbeit und des Kapitals im In- und Ausland. Unterstellen wir identische Zeitpräferenzraten in beiden Ländern, sinken die Terms of Trade des Südens genau dann, wenn eine Schuldnerposition des Südens vorliegt, die sich im Zeitablauf vergrößert. Eine ausgeglichene Auslandsposition ist mit konstanten Terms of Trade verbunden und eine steigende Gläubigerposition gleichbedeutend mit Verbesserungen der Terms of Trade.[1]

---

1) Den Zusammenhang zwischen den Terms of Trade eines Landes und seiner Auslandsposition betonen auch Brecher/Choudhri (1982) in einem Heckscher-Ohlin-Modell.

5.4 Komparative Statik und der Anpassungspfad zum neuen Steady-State

5.4.1 Konsumschocks

Wir betrachten zunächst den besonders einfachen Fall, daß sich die Sparneigung der Inländer erhöht und in der Ausgangssituation ein Wachstumsgleichgewicht mit inländischer Gläubigerposition vorliegt. Die Abbildung 29 zeigt, wie sich die Kapitalintensitäten, die Pro-Kopf-Vermögensbestände und die Auslandsposition pro Kopf nach Auftreten der Störung entwickeln. Die Vermögenskonstellation im alten Steady-State wird durch den Punkt A beschrieben. Die entsprechenden Kapitalintensitäten erscheinen als Koordinaten des Punktes K.
Die Auswirkungen einer Änderung der inländischen Sparneigung auf die Lage der a- und der a*-Kurve erhält man durch totale Differentiation des Gleichungssystems (57) unter Berücksichtigung von (56).

$$(63) \quad \begin{bmatrix} \frac{\partial \Delta a}{\partial a} & \frac{\partial \Delta a}{\partial a^*} \\ \frac{\partial \Delta a^*}{\partial a} & \frac{\partial \Delta a^*}{\partial a^*} \end{bmatrix} \begin{bmatrix} da \\ da^* \end{bmatrix} = \begin{bmatrix} -\frac{\beta}{1+n} x \\ 0 \end{bmatrix} d\delta$$

Eine δ- Erhöhung dreht die a-Kurve um den Ursprung nach rechts und hat keinen Einfluß auf die Lage der a*-Kurve. Auch die z-Kurve ist unabhängig von der Größe der inländischen Sparneigung.
Somit wird ersichtlich, daß langfristig die Pro-Kopf-Vermögensbestände (Punkt A') und die Kapitalintensitäten (Punkt K') der beiden Länder steigen. Auch die inländische Gläubigerposition fällt im neuen Steady-State größer als im alten aus.

Abb. 29: Steady-State und Anpassungspfad nach einem im Inland auftretenden Konsumschock - die Darstellung im a,a*-Diagramm

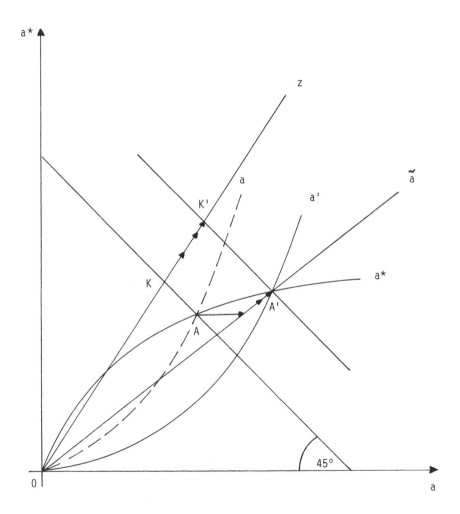

Der Anpassungspfad läßt sich folgendermaßen skizzieren: Ausgehend von dem unterstellten Wachstumsgleichgewicht in der Periode t erhöht sich zunächst nur das Pro-Kopf-Vermögen der Inländer a_{t+1}, wenn δ steigt. Das größere Angebot auf dem Kapitalmarkt senkt den Weltmarktzins und erhöht die Kapitalintensitäten k_{t+1} und k^*_{t+1}. Dies bewirkt Reallohnsteigerungen in beiden Ländern, aufgrund derer die Pro-Kopf-Vermögensbestände in der nächsten Periode größer ausfallen. Der Prozeß setzt sich fort, wobei die z-Gerade den Anpassungspfad der Kapitalintensitäten repräsentiert. Die Entwicklung der Pro-Kopf-Vermögensbestände vollzieht sich hingegen auf der durch den Ursprung und den Punkt A' verlaufenden ã-Geraden.

Wir nehmen nun an, daß sich bei identischer Ausgangssituation die Sparneigung der Ausländer δ* erhöht. Dieser Fall wird in Abbildung 30 beschrieben.
Totale Differentiation des Gleichungssystems (57) unter Berücksichtigung von (56) ergibt

$$(64) \begin{bmatrix} \frac{\partial \Delta a}{\partial a} & \frac{\partial \Delta a}{\partial a^*} \\ \frac{\partial \Delta a^*}{\partial a} & \frac{\partial \Delta a^*}{\partial a^*} \end{bmatrix} \begin{bmatrix} da \\ da^* \end{bmatrix} = \begin{bmatrix} 0 \\ -\frac{\beta^* \gamma}{1+n} x \end{bmatrix} d\delta^*$$

Steigt δ*, dreht sich die a*-Kurve um den Ursprung nach links. Hingegen bleiben die a- und die z-Kurve unverändert. Langfristig vergrößern sich wiederum die Pro-Kopf-Vermögensbestände und die Kapitalintensitäten der beiden Länder. Nicht eindeutig ist allerdings die Reaktion der Auslandsposition auf die veränderte ausländische Sparneigung. Wie schon im Ein-Gut-Modell können sich die Auslandsschulden pro Kopf trotz größerer Sparneigung der Ausländer erhöhen. Allerdings gilt diese Aussage nur für infinitesimal kleine Änderungen

Abb. 30: Steady-State und Anpassungspfad nach einem im Ausland auftretenden Konsumschock - die Darstellung im a,a*-Diagramm

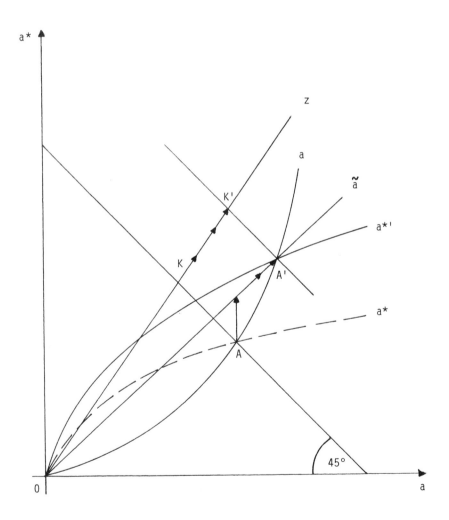

im Sparverhalten und bestimmte Parameterkonstellationen. Die Bedingung für das Auftreten des paradoxen Falles

$$\frac{dz}{d\delta^*} > 0 \quad <=> \quad \alpha + \gamma\alpha^* > \frac{1 + \frac{\delta^*\beta^*}{\alpha^*}\frac{\alpha}{\delta\beta}\frac{\gamma\alpha^*}{\alpha}}{1 + \frac{\gamma\alpha^*}{\alpha}}$$

ist schwierig zu interpretieren und erfordert eine numerische Lösung. Auf jeden Fall muß eine inländische Gläubigerposition in der Ausgangssituation vorliegen. Notwendig sind außerdem eine verhältnismäßig niedrige Sparneigung der Ausländer δ^*, ein niedriger Lohneinkommensanteil der Ausländer $\gamma\beta^*$, ein hoher Lohneinkommensanteil der Inländer β sowie große Kapitaleinkommensanteile α und $\gamma\alpha^*$ am Weltvolkseinkommen.

Das Auftreten des paradoxen Falles läßt sich wie folgt erklären: Ausgehend von einem Steady-State mit inländischer Gläubigerposition steigt zunächst nur das Pro-Kopf-Vermögen der Ausländer. Das erhöhte Kapitalangebot reduziert den Weltmarktzins. Die Kapitalintensitäten beider Länder steigen, die Auslandsposition verbessert sich aus der Sicht des Auslandes.

Sparen die Ausländer nur einen geringen Teil ihres Lohneinkommens, die Inländer jedoch einen relativ großen Teil, und ist der Lohneinkommensanteil der ausländischen Arbeiter am Weltvolkseinkommen verhältnismäßig niedrig, bewirkt die Erhöhung der Kapitalintensitäten eine größere Steigerung des Pro-Kopf-Vermögens der Inländer im Vergleich zu dem der Ausländer, wodurch die Schulden pro Ausländer in den nächsten Perioden steigen. Dieser Effekt wirkt der anfänglichen Verbesserung der ausländischen Auslandsposition entgegen. Er kann letztendlich zu deren Verschlechterung führen, wenn die Kapitaleinkommensanteile α und $\gamma\alpha^*$ groß genug sind.

In Abbildung 30 ist eine normale Reaktion der Auslandsposition angenommen. Die aus der Sicht des Auslandes anfängliche

Verbesserung der Auslandsposition wird nicht durch die spätere Verschlechterung überkompensiert.

Die Entwicklung der Terms of Trade wurde bisher bei der Beschreibung des Anpassungspfades außer acht gelassen. Dies soll nun anhand der Darstellung in Abbildung 31 nachgeholt werden. Die Größe der Sparneigungen beider Länder hat keinen Einfluß auf die Lage der p(k)-Kurve. Hingegen verschiebt sich die Senkrechte, die die inländische Kapitalintensität im Steady-State repräsentiert, nach rechts, wenn die Sparneigung der In- oder Ausländer steigt. Langfristig werden daher - je nach Verlauf der p(k)-Kurve - die Terms of Trade steigen, fallen oder unverändert bleiben. Nehmen wir an, daß sich die Sparneigung der Inländer erhöht und die p(k)-Kurve eine negative Steigung besitzt, dann steigen die Kapitalintensitäten in beiden Ländern in der nächsten Periode, und das Vorleistungsangebot nimmt um mehr zu als die Vorleistungsnachfrage. Folglich werden die gleichgewichtigen Terms of Trade sinken. Dieser Prozeß setzt sich fort, solange die Kapitalintensitäten sich vergrößern.
Das gleiche Ergebnis erhalten wir, wenn wir eine höhere Sparneigung der Ausländer betrachten. Auch hier ist die Reaktion der Terms of Trade in gleicher Weise von der Größe der Produktionselastizitäten, d.h. dem Verlauf der p(k)-Kurve, abhängig.

5.4.2 Produktivitätsschocks

Wir wenden uns nun dem Fall zu, daß im Inland ein einmaliger technischer Fortschritt stattfindet, modelliert durch eine exogene Erhöhung des inländischen Effizienzparameters λ. Die Auswirkungen dieser Störung auf die Pro-Kopf-Vermögensgrößen, die Kapitalintensitäten und die Auslandsposition werden in

Abb. 31: Steady-State und Anpassungspfad nach auftretendem Konsumschock - die Darstellung im p,k-Diagramm

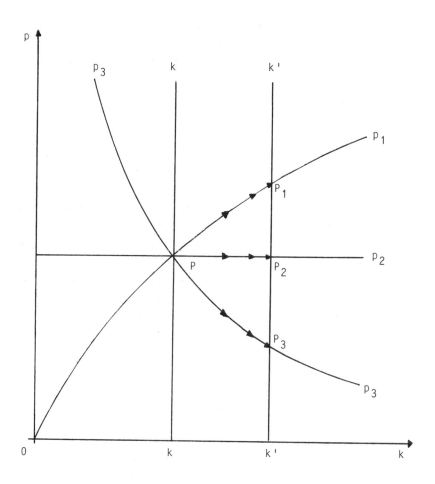

Abbildung 32 anhand des a,a*-Diagramms beschrieben. Die Punkte A und K erfassen das in der Ausgangssituation vorliegende Wachstumsgleichgewicht.
Um die Reaktion der a- und a*-Kurve auf eine λ-Änderung zu bestimmen, wird das Gleichungssystem (57) total differenziert.

$$\begin{bmatrix} \frac{\partial \Delta a}{\partial a} & \frac{\partial \Delta a}{\partial a^*} \\ \frac{\partial \Delta a^*}{\partial a} & \frac{\partial \Delta a^*}{\partial a^*} \end{bmatrix} \begin{bmatrix} da \\ da^* \end{bmatrix} = \begin{bmatrix} -\frac{\partial \Delta a}{\partial \lambda} \\ -\frac{\partial \Delta a^*}{\partial \lambda} \end{bmatrix} d\lambda$$

mit $\quad \frac{\partial \Delta a}{\partial \lambda} = \frac{\delta \beta}{1+n} \frac{x}{\lambda} > 0$

und $\quad \frac{\partial \Delta a^*}{\partial \lambda} = \frac{\delta^* \beta^* \gamma}{1+n} \frac{x}{\lambda} > 0$

Eine Effizienzsteigerung im Inland dreht die a-Kurve um den Ursprung nach rechts und die a*-Kurve nach links.
Da die z- und die ã-Gerade allein von den Produktionselastizitäten bzw. den Sparneigungen abhängig sind, hat die Änderung des Effizienzparameters keinen Einfluß auf die Lage bzw. den Verlauf dieser Geraden. Somit muß der neue Schnittpunkt der a- und a*-Kurve A' weiterhin auf der ã-Geraden liegen und der Punkt K', der die Kapitalintensitäten im neuen Steady-State repräsentiert, auf der z-Geraden. Langfristig werden daher die Pro-Kopf-Vermögensbestände und die Kapitalintensitäten steigen. Zudem vergrößert sich die Auslandsposition des Gläubigerlandes.

Das gleiche Bild ergibt sich, wenn wir einen technischen Fortschritt im Ausland betrachten. Nach totaler Differentiation von (57) folgt

Abb. 32: Steady-State und Anpassungspfad nach Auftreten eines Produktivitätsschocks - die Darstellung im a,a*-Diagramm

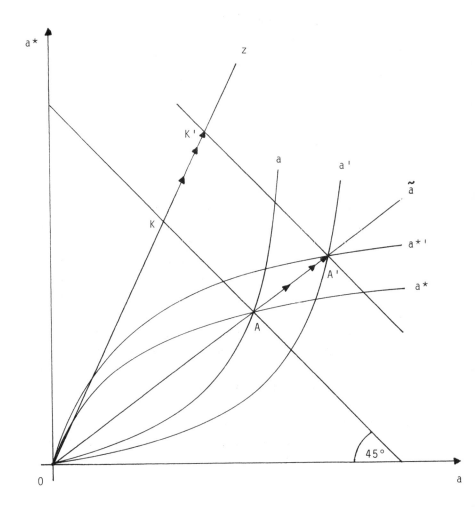

$$\begin{bmatrix} \frac{\partial \Delta a}{\partial a} & \frac{\partial \Delta a}{\partial a^*} \\ \frac{\partial \Delta a^*}{\partial a} & \frac{\partial \Delta a^*}{\partial a^*} \end{bmatrix} \begin{bmatrix} da \\ da^* \end{bmatrix} = \begin{bmatrix} -\frac{\partial \Delta a}{\partial \lambda^*} \\ -\frac{\partial \Delta a^*}{\partial \lambda^*} \end{bmatrix} d\lambda^*$$

mit $\quad \frac{\partial \Delta a}{\partial \lambda^*} = \frac{\delta \beta}{1+n} x_v \frac{v}{\lambda^*} > 0$

und $\quad \frac{\partial \Delta a^*}{\partial \lambda^*} = \frac{\delta^* \beta^* \gamma}{1+n} x_v \frac{v}{\lambda^*} > 0$

Eine Erhöhung der ausländischen Effizienz dreht die a-Kurve um den Ursprung nach rechts, die a*-Kurve hingegen nach links.
Die z- und die ã-Gerade bleiben wiederum von der Effizienzänderung unberührt.
Langfristig steigen daher die Pro-Kopf-Vermögensbestände und die Kapitalintensitäten beider Länder. Ebenfalls vergrößert sich die Auslandsposition des Gläubigerlandes. Abbildung 32 beschreibt also gleichermaßen eine Erhöhung der inländischen wie auch der ausländischen Effizienz.

Der wesentliche Unterschied zwischen einem technischen Fortschritt im Norden und im Süden besteht in der Reaktion der Terms of Trade.
Wir konzentrieren uns bei der Darstellung im p,k-Diagramm auf den Fall, daß die p(k)-Kurve eine negative Steigung aufweist.
Aus der totalen Differentiation von (51) folgt nach einigen Umformungen

(65) $\quad dp = [\alpha - (1-\gamma)\alpha^*] \frac{\gamma r}{\alpha v} dk + \frac{\gamma x}{\lambda v} d\lambda$

$\qquad$ mit $\left. \frac{dp}{d\lambda} \right|_{dk = 0} > 0$

Die p-Kurve in Abbildung 33 verschiebt sich aufgrund der

Abb. 33: Steady-State und Anpassungspfad nach Auftreten eines Produktivitätsschocks im Inland - die Darstellung im p,k-Diagramm bei negativer Steigung der p(k)-Kurve

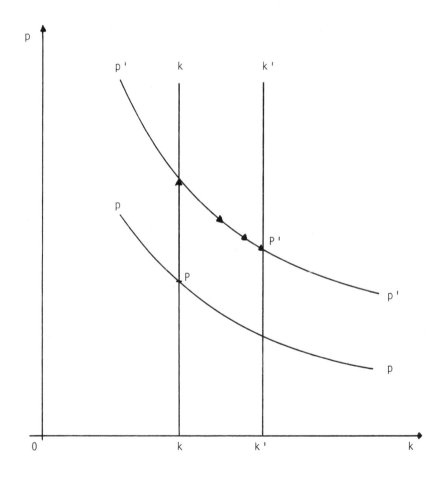

Effizienzerhöhung im Inland nach oben. Dieses Ergebnis ist unabhängig vom Verlauf der Kurve.
Die k-Senkrechte verschiebt sich nach rechts, was sich durch totale Differentiation von (43) und (44) zeigen läßt.

(66) $\quad \frac{dk}{d\lambda} = \frac{\alpha x}{r\lambda} \frac{1}{(\beta+\gamma\beta^*)} > 0$

Um zu einer eindeutigen Aussage über die langfristige Entwicklung der Terms of Trade zu gelangen, ist es notwendig, das Ausmaß der Verschiebungen zu berücksichtigen. Substituieren wir (66) in (65), ergibt sich der folgende Ausdruck:

$$\frac{dp}{d\lambda} = \frac{\gamma x}{v\lambda} \frac{(\beta+\gamma)}{(\beta+\gamma\beta^*)} > 0$$

Dementsprechend führt eine Effizienzsteigerung im Inland langfristig auf jeden Fall zu einer Verbesserung der Terms of Trade des Südens.

Um die Auswirkungen eines technischen Fortschritts im Süden zu analysieren, wird (51) wiederum total differenziert.

(67) $\quad dp = [\alpha - (1-\gamma)\alpha^*] \frac{\gamma r}{\alpha v} dk - (1-\gamma) \frac{p}{\lambda^*} d\lambda^*$

$\quad\quad$ mit $\frac{dp}{d\lambda^*}\Big|_{dk=0} < 0$

Die p-Kurve in Abbildung 34 verschiebt sich aufgrund einer Erhöhung der ausländischen Effizienz nach unten.
Die Kapitalintensitätssenkrechte verlagert sich nach rechts. Bei einer angenommenen negativen Steigung der p-Kurve werden somit die Terms of Trade des Südens langfristig eindeutig sinken. Dies ist auch der Fall, wenn wir eine positive Steigung der p(k)-Kurve unterstellen, wie sich algebraisch zeigen läßt.

Abb. 34: Steady-State und Anpassungspfad nach Auftreten eines Produktivitätsschocks im Ausland - die Darstellung im p,k-Diagramm bei negativer Steigung der p(k)-Kurve

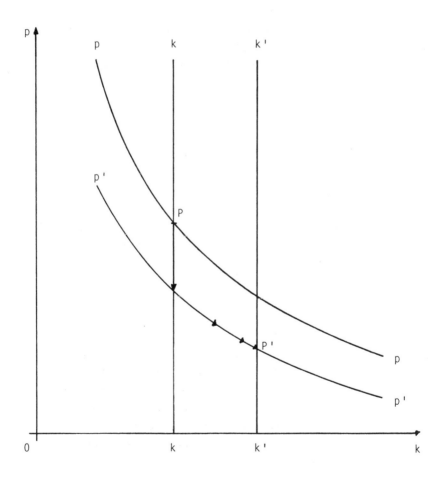

Differenzieren wir das Gleichungssystem (43) und (44), folgt

(68) $\quad \dfrac{dk}{d\lambda^*} = \dfrac{\alpha x_v v}{r\lambda^*} \dfrac{1}{(\beta+\gamma\beta^*)} > 0,$

und nach Substitution in (67) ergibt sich

$\dfrac{dp}{d\lambda^*} = - \dfrac{p\beta}{\lambda^*(\beta+\gamma\beta^*)} < 0.$

Eine Steigerung der ausländischen Effizienz senkt also auf jeden Fall langfristig die Terms of Trade des Südens.

Wir kommen nun zur Beschreibung des Anpassungspfades und unterstellen hierzu ein Wachstumsgleichgewicht in der Ausgangslage, der Periode t. Findet im Inland in der Periode t+1 ein technischer Fortschritt statt und antizipieren die Wirtschaftssubjekte die Effizienzsteigerung, dann werden hierdurch - im Gegensatz zum Ein-Gut-Modell des vierten Kapitels - keine internationalen Kapitalbewegungen ausgelöst. Die Kapitalintensitäten der Periode t+1 sind identisch mit denen in der Periode t. Der Grund dafür liegt in der vorauszusehenden Verbesserung der Terms of Trade des Südens, die den tendenziell Kapitalimporte induzierenden Effekt einer größeren inländischen Effizienz vollständig kompensieren.
Durch den technischen Fortschritt vergrößert sich die Nachfrage nach Vorleistungen bei konstantem Angebot (pro Kopf). Die Terms of Trade p_{t+1} werden sich folglich erhöhen. Trotz unveränderter Kapitalintensitäten steigen die in Inlandsguteinheiten gemessenen Reallöhne in beiden Ländern, im Norden aufgrund der größeren Effizienz, im Süden wegen der verbesserten Terms of Trade. Somit erhöhen sich auch die Pro-Kopf-Vermögensbestände a_{t+2} und a^*_{t+2} mit den entsprechenden Auswirkungen auf die Kapitalintensitäten k_{t+2}

und k^*_{t+2}. Ob die Terms of Trade in der Periode t+2 steigen, fallen oder konstant bleiben, hängt von dem angenommenen Verlauf der p(k)-Kurve ab, d.h. von den Produktionselastizitäten.
Der Prozeß setzt sich fort. Die Pro-Kopf-Vermögensgrößen konvergieren monoton auf der ã-Geraden und die Kapitalintensitäten ensprechend auf der z-Geraden in Abbildung 32. Die Terms of Trade folgen der p'-Kurve in Abbildung 33, d.h. sie verschlechtern sich nach der anfänglichen Verbesserung, liegen im neuen Steady-State P' aber über dem Niveau der Ausgangslage P.

Der Anpassungspfad nach Erhöhung der ausländischen Effizienz läßt sich den Abbildungen 32 und 34 entnehmen. Der tendenziell Kapitalbewegungen vom Norden in den Süden auslösende Effekt des technischen Fortschritts wird durch die vorauszusehende Terms-of-Trade-Verschlechterung des Südens aufgehoben. Dennoch erhöht sich der Output im Ausland, was bei sinkenden Terms of Trade positive Auswirkungen auf den inländischen Output hat. Mit steigenden Reallöhnen (in Inlandsguteinheiten) erhöhen sich die Pro-Kopf-Vermögensgrößen und die Kapitalintensitäten beider Länder. Aufgrund des unterstellten Verlaufs der p(k)-Kurve werden die Terms of Trade weiter sinken.

5.4.3 Auswirkungen auf das Volkseinkommen im Norden und im Süden

Die Länder der Dritten Welt klagen nicht nur über sinkende Terms of Trade und eine steigende Auslandsverschuldung, sondern vor allem über die ständig größer werdenden Einkommensunterschiede zwischen dem Norden und dem Süden. Im folgenden soll daher untersucht werden, wie die Volkseinkommen beider Regionen auf Konsum- und Produktivitätsschocks reagieren.

Das Volkseinkommen eines Landes setzt sich zusammen aus dem Lohneinkommen und dem Zinseinkommen auf das Vermögen. Dementsprechend gilt für das inländische Volkseinkommen in Pro-Kopf-Form:

$$y_{t+1} = w_{t+1} + r_{t+1}\, a_{t+1}.$$

Ersetzt man in dieser Gleichung das Vermögen a_{t+1} gemäß Gleichung (16), so folgt unter der Berücksichtigung der ersten Differenzengleichung in (38)

$$y_{t+1} = w_{t+1} + r_{t+1}\, \frac{\delta\beta}{1+n}\, \frac{\alpha + \gamma\alpha^*}{\alpha\, m_o}\, k_{t+1}.$$

Aufgrund der Eigenschaften einer Cobb-Douglas-Produktionsfunktion läßt sich dann das Volkseinkommen der Inländer in Beziehung zum Inlandsoutput setzen, der identisch mit dem Weltvolkseinkommen ist. Nach kurzer Umformung ergibt sich:

$$(69) \quad y_{t+1} = \frac{\delta(1 - \gamma\beta^*) + \delta^*\beta^*\gamma}{\delta\beta + \delta^*\beta^*\gamma}\, \beta x_{t+1}.$$

Zur Berechnung des ausländischen Volkseinkommens in Inlandsguteinheiten muß das Lohneinkommen der ausländischen Arbeiter noch mit dem Relativpreis multipliziert werden.

$$y^*_{t+1} = p_{t+1} w^*_{t+1} + r_{t+1} a^*_{t+1}$$

Unter Berücksichtigung der Gleichung (25) und der ersten Differenzengleichung in (38) erhält man - völlig analog zu der Herleitung des inländischen Volkseinkommens vorgehend - einen Zusammenhang zwischen dem Volkseinkommen der Ausländer und dem Weltvolkseinkommen.

(70) $\quad y^*_{t+1} = \dfrac{\delta\beta + \delta^*(1-\beta)}{\delta\beta + \delta^*\beta^*\gamma} \beta^*\gamma \, x_{t+1}$

Somit stehen die Volkseinkommen beider Regionen zu jeder Zeit in linearer Beziehung zueinander.

(71) $\quad \dfrac{y_{t+1}}{y^*_{t+1}} = \dfrac{\delta(1-\gamma\beta^*) + \delta^*\beta^*\gamma}{\delta\beta + \delta^*(1-\beta)} \dfrac{\beta}{\gamma\beta^*}$

Aus dieser Gleichung läßt sich eine Bedingung ableiten, die Aufschluß darüber gibt, wann das Volkseinkommen des Inlandes größer, gleich oder kleiner als das des Auslandes ist.

$$y_{t+1} \gtreqless y^*_{t+1} \quad <=> \quad \delta(\tfrac{1}{\gamma\beta^*} - 2) \gtreqless \delta^*(\tfrac{1}{\beta} - 2)$$

Ist das Volkseinkommen des Auslandes kleiner als das des Inlandes, so lassen sich zwei Ursachen dafür angeben, eine verhältnismäßig niedrige Sparneigung der Ausländer ($\delta^* < \delta$) und ein vergleichsweise geringer Arbeitseinkommensanteil am Weltvolkseinkommen im Süden ($\gamma\beta^* < \beta$). Letzteres wird natürlich durch einen kleinen Wertschöpfungsanteil des Südens am Inlandsoutput γ begünstigt.

Nehmen wir an, daß in der Ausgangslage (Periode t) ein Steady-State vorliegt und sich die Sparneigung der In- oder Ausländer erhöht, dann wird das Weltvolkseinkommen ab der Periode t+1 bis zum Erreichen des neuen Wachstumsgleichgewichts monoton steigen. Dies ist aus der Entwicklung der Kapitalintensitäten unmittelbar ersichtlich. Eine größere Sparneigung führt ebenfalls zu Volkseinkommenssteigerungen in dem betreffenden Land. Dies zeigt die Differentiation der Gleichungen (69) und (70)

$$\frac{dy_{t+1}}{d\delta} > 0 \qquad \frac{dy^*_{t+1}}{d\delta^*} > 0$$

Nicht eindeutig zu bestimmen ist dagegen, ob die höhere Ersparnisbildung eines Landes positive Effekte auf das Volkseinkommen des anderen Landes hat. Auf jeden Fall verbessert sich aber das Verhältnis der Volkseinkommen beider Länder zugunsten des Landes, in dem die Spartätigkeit steigt.

$$\frac{d(y_{t+1}/y^*_{t+1})}{d\delta} > 0 \qquad \frac{d(y_{t+1}/y^*_{t+1})}{d\delta^*} < 0$$

Nehmen wir nun bei gleicher Ausgangslage an, daß sich die Effizienz im Norden oder im Süden in der Periode t+1 erhöht. Dann ist es zunächst einmal einleuchtend, daß das Weltvolkseinkommen ab der Periode, in der der technische Fortschritt auftritt, bis zum neuen Steady-State monoton steigt. Dieses Ergebnis ist unabhängig davon, in welchem Land der Fortschritt stattfindet. Steigt das Weltvolkseinkommen, dann erhöht sich sowohl das in- als auch das ausländische Volkseinkommen, wobei deren Verhältnis von einer Effizienzänderung unberührt bleibt. Bei steigenden Volkseinkommen in beiden Ländern führt dies aber zwangsläufig zu ständig größer werdenden Einkommensunterschieden zwischen dem Norden und dem Süden.

Als Ursache ist die Art der internationalen Arbeitsteilung anzusehen, insbesondere ein kleiner Wertschöpfungsanteil des Südens am Inlandsoutput. Die Entwicklung der Terms of Trade und der Auslandsverschuldung ist dagegen nur eine Begleiterscheinung.

6. Zusammenfassung und Schlußbemerkungen

Unterschiede in der Ersparnisbildung und der Kapitalnachfrage lösen internationale Kapitalbewegungen aus. Im Zwei-Perioden-Modell spielt es dabei für das Zeitprofil der Auslandsverschuldung keine Rolle, ob das Leistungsbilanzdefizit eines Landes in der ersten Periode konsumtive oder investive Ursachen hat. In der zweiten Periode muß das Land seine Schulden plus Zinsen zurückzahlen, und seine Leistungsbilanz weist folglich einen Überschuß auf.

Zu einem anderen Ergebnis gelangt man bei der Betrachtung eines Zwei-Länder-Solow-Modells. Stimmen die Produktionstechnologien in beiden Ländern überein, dann wird das Land, dessen Einwohner einen vergleichsweise geringen Teil ihres Volkseinkommens sparen, auf lange Sicht ständig Schuldnerland sein. Bei Einbeziehung unterschiedlicher Produktionstechnologien gewinnt dagegen als zweiter Faktor die durchschnittliche Kapitalproduktivität Einfluß auf das Vorzeichen der Auslandsposition. Sind die Sparquoten in beiden Ländern identisch, dann wird das in diesem Sinne produktivere Land langfristig eine Gläubigerposition innehaben.
Ein einmalig stattfindender technischer Fortschritt kann dazu führen, daß die zeitliche Entwicklung der Auslandsposition dem in der Schuldenzyklushypothese beschriebenen Verlauf folgt. Er induziert zunächst (Netto-)Kapitalimporte des Landes, in dem die Effizienzsteigerung auftritt. Die durchschnittliche Kapitalproduktivität sinkt in diesem Land aber weniger als in dem anderen, wenn die Substitutionselastizität von Arbeit und Kapital kleiner als eins ist. Unterstellt man eine ausgeglichene Auslandsposition in der Ausgangslage, dann wird das Land, in dem der technische Fortschritt stattfindet, letztendlich zum Gläubigerland.

Die Analyse im Zwei-Länder-Modell mit überlappenden Generationen bestätigt weitestgehend die mithilfe des Zwei-Länder Solow-Modells gewonnenen Resultate, allerdings auf Grundlage mikroökonomisch fundierter Spar- und Investitionsentscheidungen. Bei identischen Produktionsfunktionen wird das Land, dessen Einwohner die größere Zeitpräferenzrate besitzen, stets Schuldnerland sein. Weichen dagegen die Produktionsfunktionen beider Länder voneinander ab, dann sind zusätzlich internationale Unterschiede in der Einkommensverteilung der Produktionsfaktoren für das Vorzeichen der Auslandsposition von Bedeutung. Stimmen die Zeitpräferenzraten überein, dann wird langfristig das Land eine Gläubigerposition aufweisen, in dem der Lohneinkommensanteil am Inlandsprodukt größer ist. Ausgehend von einer ausgeglichenen Auslandsposition läßt sich wiederum durch einen einmalig auftretenden technischen Fortschritt ein der Schuldenzyklushypothese entsprechender Verlauf der Auslandsverschuldung herleiten. Ein im Inland stattfindender technischer Fortschritt führt zunächst zu einer inländischen Schuldnerposition. Langfristig wird das Inland aber zum Gläubigerland, wenn sich der Lohneinkommensanteil am Inlandsprodukt im Inland aufgrund des technischen Fortschritts mehr erhöht als der entsprechende Anteil im Ausland. Dies ist dann der Fall, wenn die Substitutionselastizität von Arbeit und Kapital kleiner als eins ist.

Da eine eindeutige Beziehung zwischen der Einkommensverteilung und der durchschnittlichen Kapitalproduktivität besteht, läßt sich der gleiche Sachverhalt auch unter Verwendung der durchschnittlichen Kapitalproduktivität formulieren. Dementsprechend weist bei identischem Sparverhalten - auch im Modell mit überlappenden Generationen - langfristig das "produktivere" Land eine Gläubigerposition auf.

Unterschiede zum Zwei-Länder-Solow-Modell ergeben sich hauptsächlich beim Anpassungspfad zum Wachstumsgleichgewicht.

Da internationale Kapitalbewegungen normalerweise die weltwirtschaftliche Entwicklung begleiten, sind Modelle, die eine ständig ausgeglichene Kapitalbilanz unterstellen, mißspezifiziert. Dennoch ist diese Voraussetzung in fast allen Nord-Süd-Modellen anzutreffen. Das Nord-Süd-Modell der vorliegenden Arbeit berücksichtigt hingegen internationale Kapitalbewegungen.

Trotz einer im Vergleich zum 4. Kapitel veränderten Arbeitsteilung bleiben die langfristigen Determinanten der Auslandsverschuldung erhalten.

Steigt die Spartätigkeit in einem Land, so sinken die Terms of Trade des Südens, wenn der Arbeitseinkommensanteil an der Wertschöpfung im Süden kleiner als im Norden ist. In der Regel verbessert sich die Auslandsposition des Landes, in dem die Spartätigkeit zunimmt, ebenso dessen Volkseinkommen verglichen mit dem des anderen Landes. Dieses Ergebnis ist allerdings unabhängig von der Entwicklung des Relativpreises.

Tritt in einem Land ein technischer Fortschritt auf, so werden sich die Terms of Trade des betreffenden Landes langfristig verschlechtern. Aber selbst wenn sich die Terms of Trade des Südens aufgrund einer Effizienzsteigerung im Norden langfristig verbessern, können eine Zeit lang sinkende Terms of Trade die Entwicklung begleiten.

Ein technischer Fortschritt im Norden oder Süden vergrößert - ausgehend von einem Wachstumsgleichgewicht - sowohl eine bestehende Gläubiger- als auch Schuldnerposition. Er hat ebensowenig einen Einfluß auf das Vorzeichen der Auslandsposition wie auf das Verhältnis der Volkseinkommen. Hieraus folgt, daß sich bei steigenden Einkommensgrößen die Einkommensunterschiede zwischen dem Norden und dem Süden ständig vergrößern. Auch bei diesem Ergebnis kommt der Entwicklung der Terms of Trade keine entscheidende Bedeutung zu.

Ein technischer Fortschritt im Süden vereinigt die für Länder der Dritten Welt typischen Merkmale sinkender Terms of Trade, steigender Auslandsverschuldung und größer werdender Einkommensunterschiede zwischen beiden Regionen. Als Ursache ist allerdings die Komplementarität der internationalen Arbeitsteilung anzusehen und nicht etwa eine "Ausbeutung" des Südens durch den Norden.[1]

Ein bemerkenswertes Resultat der vorliegenden Arbeit ist die Erkenntnis, daß eine - absolut gesehen - ständig steigende Auslandsverschuldung nicht zwangsläufig zu einer internationalen Schuldenkrise führt. Mit Rückblick auf die weltwirtschaftliche Entwicklung in den achtziger Jahren sollen einige Möglichkeiten aufgezeigt werden, wie es dazu kommen kann.

Niehans (1986) weist darauf hin, daß für einen Schuldner ein unwiderstehlicher Anreiz besteht, seine Zahlungen einzustellen, wenn ausreichende Sanktionsmöglichkeiten fehlen. Aber auch bei grundsätzlich gegebener Zahlungsbereitschaft können unvorhergesehene Ereignisse bewirken, daß ein Schuldner nicht in der Lage ist, seinen Schuldendienst zu leisten. Eine internationale Schuldenkrise im Modell überlappender Generationen läßt sich dementsprechend folgendermaßen konstruieren. Zunächst einmal muß die Annahme vollkommener Voraussicht aller Akteure aufgegeben werden. Ferner sei daran erinnert, daß in den betrachteten Modellen dieser Arbeit nur die Unternehmen Kapital nachfragen. Die Haushalte bilden hingegen Vermögen, und Staatsaktivitäten wurden aus der Analyse ausgeschlossen. Wir nehmen an, daß die ausländischen Unternehmen einen Teil ihrer Investitionen durch festverzinsliche Inlandskredite finanzieren. Kommt es in der nächsten Periode unerwartet zu einem Rückgang der Effizienz, werden die Unternehmen die vereinbarten Zinsen nicht

---

1) Dies bestätigt insofern die Ausführungen bei Donges/Müller-Ohlsen (1978), S. 169 f.

zahlen können.[1]
Im Modell überlappender Generationen muß der Kapitalstock in jeder Periode neu finanziert werden. Diese Sichtweise verdeutlicht die Umschuldungsproblematik, die nicht unerheblich zur internationalen Schuldenkrise beigetragen hat. Zweifeln die Kapitalanleger - aus welchen Gründen auch immer - an der zukünftigen Zahlungsfähigkeit der Unternehmen, werden sich keine neuen Gläubiger finden. Um die alten Gläubiger auszahlen zu können, müßten die Unternehmen ihre Fabriken abreißen oder Maschinen verkaufen, was - wenn überhaupt - nur mit großem Wertverlust möglich wäre.[2]
Unproblematisch ist hingegen eine Finanzierung der Investitionen durch Emission von Aktien. Hier rechnet der Kapitalgeber von vornherein damit, daß die Dividendenzahlungen auch geringer als erwartet ausfallen können bzw. der Wert der Aktien auch sinken kann.
Bei den Auslandsschulden der Entwicklungsländer handelt es sich überwiegend um staatliche bzw. staatlich garantierte Schulden (sovereign debts). Dies erklärt zum Teil die sorglose Kreditvergabe der westlichen Geschäftsbanken. Verteilt der Staat als Kreditnehmer die Mittel auf Unternehmen seiner Wahl, besteht die Gefahr, daß unrentable Prestigeobjekte übermäßig gefördert werden. Die gleiche Wirkung erzielt eine konsumtive Verwendung der Mittel. Zwar kann der Staat einige Zeit lang über seine Verhältnisse leben und Zinszahlungen durch Neuverschuldung finanzieren, nicht aber auf Dauer, wie Schmid (1988) in einer Arbeit gezeigt hat.
Es wäre sicherlich ein interessantes Gedankenexperiment, diese Zusammenhänge im Nord-Süd-Modell der vorliegenden Arbeit explizit zu analysieren.

---
1) Die Ölkrise, die von einigen Autoren - vgl. z.B. Abbott (1979), S. 140 ff., oder Cline (1984), S. 8 ff. - als wesentliche Ursache der internationalen Schuldenkrise angesehen wird, hat zumindest eine solche Fehleinschätzung der zukünftigen Entwicklung begünstigt.

2) Auf den psychologischen Aspekt der internationalen Schuldenkrise macht u.a. Cline (1984), S. 17 f., aufmerksam.

Literaturverzeichnis:

ABBOTT, G.C. (1979): International Indebtedness and the Developing Countries, London, New York.

ABEL, A.B. (1985): "Precautionary Saving and Accidental Bequests", American Economic Review, 75, S. 777 - 791.

ABEL, A.B., BLANCHARD, O. (1983): "An Intertemporal Model of Saving and Investment", Econometrica, 51, S. 675 - 692.

ALLEN, R.G.D. (1956): Mathematik für Volks- und Betriebswirte, Duncker & Humblot, Berlin.

AMANO, A. (1965): "International Capital Movements and Economic Growth", Kyklos, 18, S. 693 - 699.

AUERBACH, A.J., KOTLIKOFF, L.J. (1987): Dynamic Fiscal Policy, Cambridge University Press, Cambridge.

BARDHAN, P.K. (1965): "Equilibrium Growth in the International Economy", Quarterly Journal of Economics, 79, S. 455 - 464.

BARDHAN, P.K., LEWIS, S. (1970): "Models of Growth with Imported Inputs", Economica, 37, S. 373 - 385.

BARRO, R.J. (1974): "Are Government Bonds Net Wealth?", Journal of Political Economy, 82, S. 1095 - 1117.

BAZDARICH, M.J. (1978): "Optimal Growth and Stages in the Balance of Payments", Journal of International Economics, 8, S. 425 - 443.

BECKER, G.S. (1974): "A Theory of Social Interactions", Journal of Political Economy, 82, S. 1063 - 1093.

BENDER, D. (1977): "Angebot des Haushalts II: Kapitalangebot", in: W. ALBERS u.a. (Hrsg.), Handwörterbuch der Wirtschaftswissenschaft, Bd. 1, S. 232 - 243.

BERNDT, E.R., WOOD, D.O. (1979): "Engineering and Econometric Interpretations of Energy-Capital Complementarity", American Economic Review, 69, S. 342 - 354.

BHAGWATI, J.N. (1964): "The Pure Theory of International Trade: A Survey", Economic Journal, 74, S. 1 - 84.

BHAGWATI, J.N., SRINIVASAN, T.N. (1983): "On the Choice Between Capital and Labour Mobility", Journal of International Economics, 14, S. 209 - 221.

BIERWAG, G.O., GROVE, M.A., KHANG, C. (1969): "National Debt in a Neoclassical Growth Model: Comment", American Economic Review, 59, S. 205 - 210.

BORN, K.E. (1986): "Erfahrungen aus internationalen Finanzkrisen der Vergangenheit", in: A. GUTOWSKI (Hrsg.), Die internationale Schuldenkrise, S. 9 - 29, Duncker & Humblot, Berlin.

BRECHER, R.A., CHOUDRI, E.U. (1982): "Immiserizing Investment from Abroad: The Singer-Prebisch Thesis Reconsidered", Quarterly Journal of Economics, 97, S. 181 - 190.

BRUNO, M. (1982): "Adjustment and Structural Change under Supply Shocks", Scandinavian Journal of Economics, 84, S. 199 - 221.

BRUNO, M., SACHS, J.D. (1985): Economics of Worldwide Stagflation, Harvard University Press, Cambridge, Massachusetts.

BUITER, W.H. (1981): "Time Preference and International Lending and Borrowing in an Overlapping-Generations Model", Journal of Political Economy, 89, S. 769 - 797.

CALVO, G.A. (1978): "On the Indeterminacy of Interest Rates and Wages with Perfect Foresight", Journal of Economic Theory, 19, S. 321 - 337.

CALVO, G.A., WELLISZ, S. (1983): "International Factor Mobility and National Advantage"; Journal of International Economics, 14, S. 103 - 114.

CARLBERG, M. (1984): "International Factor Movements, Allocation and Prices", Schweiz. Zeitschrift für Volkswirtschaft und Statistik, 120, S. 31 - 42.

CARMICHAEL, J. (1979): The Role of Government Financial Policy in Economic Growth, unveröffentlichte Dissertation, Princeton University.

CASS, D., YAARI, M.E. (1966): "A Re-Examination of the Pure Consumption Loans Model", Journal of Political Economy, 74, S. 353 - 367.

CHIANG, A.C. (1985): Fundamental Methods of Mathematical Economics, 3. Aufl., McGraw-Hill, New York.

CLINE, W.R. (1984): International Debt: Systemic Risk and Policy Response, MIT Press, Cambridge, Massachusetts.

DEI, F. (1979): "Dynamic Gains from International Capital Movements", Journal of International Economics, 9, S. 417 - 421.

DIAMOND, P.A. (1965): "National Debt in a Neoclassical Growth Model", American Economic Review, 55, S. 1126 - 1150.

DONGES, J.B., MÜLLER-OHLSEN, L. (1978): Außenwirtschaftsstrategien und Industrialisierung in Entwicklungsländern, Kieler Studien 157, Mohr, Tübingen.

DORNBUSCH, R. (1985): "Intergenerational and International Trade", Journal of International Economics, 18, S. 123 - 139.

EMMANUEL, A. (1972): Unequal Exchange: A Study of the Imperialism of Trade, Monthly Review Press, New York.

ETHIER, W.J. (1983): Modern International Economics, New York, London.

FAMA, E.F., MILLER, M.H. (1971): The Theory of Finance, Chikago.

FELDSTEIN, M., HORIOKA, C. (1980): "Domestic Saving and International Capital Flows", Economic Journal, 90, S. 314 - 329.

FERGUSON, C.E. (1969): The Neoclassical Theoriy of Production and Distribution, Cambridge University Press, Cambridge.

FINDLAY, R. (1980): "The Terms of Trade and Equilibrium Growth in the World Economy", American Economic Review, 70, S. 291 - 299.

FINDLAY, R. (1981): "The Fundamental Determinants of the Terms of Trade", in: S. GRASSMAN, E. LUNDBERG (Hrsg.), The World Economic Order - Past and Prospects, S. 425 - 457, Macmillan Press, London.

FINDLAY, R. (1984): "Growth and Development in Trade Models", in: R.W. JONES, P.B. KENEN (Hrsg.), Handbook of International Economics, 1, S. 185 - 236.

FISCHER, S., FRENKEL, J.A. (1972): "Investment, the Two-Sector Model and Trade in Debt and Capital Goods", Journal of International Economics, 2, S. 211 - 233.

FISCHER, S., FRENKEL, J.A. (1974, 1): "Interest Rate Equalization and Patterns of Production, Trade and Consumption in a Two-country Growth Model", Economic Record, 50, S. 555 - 580.

FISCHER, S., FRENKEL, J.A. (1974, 2): " Economic Growth and Stages of the Balance of Payments: A Theoretical Model", in: G. HORWICH, P.A. SAMUELSON (Hrsg.), Trade, Stability, and Macroeconomics: Essays in Honor of L.A. Metzler, S. 503 - 521, Academic Press, New York.

FISHER, I. (1930): The Theory of Interest as Determined by Impatience to Spend Income and Opportunity to Invest It, Macmillan Press, London.

FRENKEL, J.A., FISCHER, S. (1972): "International Capital Movements along Balanced Growth Paths: Comments and Extension", Economic Record, 48, S. 266 - 271.

FRENKEL, J.A., RAZIN, A. (1987): Fiscal Policies and the World Economy: An Intertemporal Approach, MIT Press, Cambridge, Massachusetts.

FRIED, J. (1980): "The Intergenerational Distribution of the Gains from Technological Change and from International Trade", Canadian Journal of Economics, 13, S. 65 - 81.

FRIED, J., HOWITT, P. (1988): "Fiscal Deficits, International Trade and Welfare", Journal of International Economics, 24, S. 1 - 22.

GALE, D. (1971): "General Equilibrium with Imbalance of Trade", Journal of International Economics, 1, S. 141 - 158.

GALE, D. (1974): "The Trade Imbalance Story", Journal of International Economics, 4, S. 119 - 137.

GANDOLFO, G. (1980): Economic Dynamics: Methods and Models, 2. Aufl., North-Holland, Amsterdam.

GREEN, J. (1972): "The Question of Collective Rationality in Professor Gale's Model of Trade Imbalance", Journal of International Economics, 2, S. 39 - 55.

GROSSMAN, G. (1984): "The Gains from International Factor Movements, Journal of International Economics, 17, S. 74 - 83.

HALEVI, N. (1971): "An Empirical Test of the 'Balance of Payments Stages' Hypothesis", Journal of International Economics, 1, S. 103 - 117.

HAMADA, K. (1966): "Economic Growth and Long-Run Capital Movements", Yale Economic Essays, 6, S. 49 - 96.

HAMADA, K. (1969): "Optimal Capital Accumulation by an Economy Facing an International Capital Market", Journal of Political Economy, 77, S. 684 - 697.

HAMADA, K. (1986): "Strategic Aspects of International Fiscal Interdependence", Economic Studies Quarterly, 37, S. 165 - 180.

HANSON, J.A., NEHER, P.A. (1967): "The Neoclassical Theorem Once Again: Closed and Open Economies", American Economic Review, 57, S. 869 - 878.

HESSE, H., LINDE, R. (1976): Gesamtwirtschaftliche Produktionstheorie, Physica-Verlag, Würzburg.

HORI, H., STEIN, J.L. (1977): "International Growth with Free Trade in Equities and Goods", International Economic Review, 18, S. 83 - 100.

IHORI, T. (1978): "The Golden Rule and the Role of Government in a Life Cycle Growth Model", American Economic Review, 68, S. 389 - 396.

IHORI, T. (1987): "Spillover Effects and the Terms of Trade within a Two-Country Model", Journal of International Economics, 22, S. 203 - 218.

INADA, K.-I. (1963): "On a Two-Sector Model of Economic Growth; Comments and a Generalization", Review of Economic Studies, 30, S. 119 - 127.

ISSING, O., MASUCH, K. (1989): "Zur Frage der normativen Interpretation von Leistungsbilanzsalden", Kredit und Kapital, 22, S. 1 - 17.

ITO, T. (1987): "A Note on Disequilibrium Growth Theory", Economics Letters, 1, S. 45 - 48.

IWD (1988): Informationsdienst des Instituts der deutschen Wirtschaft, 14. Jg., 44.

JONES, R.W. (1967): "International Capital Movements and the Theory of Tariffs and Trade", Quarterly Journal of Economics, 81, S. 1 - 38.

KAREKEN, J., WALLACE, N. (1977): "Portfolio Autarky: A Welfare Analysis", Journal of International Economics, 7, S. 19 - 43.

KAREKEN, J., WALLACE, N. (1981): "On the Indeterminacy of Equilibrium Exchange Rates", Quarterly Journal of Economics, 96, S. 207 - 222.

KEHOE, P.J. (1987): "Coordination of Fiscal Policies in a World Economy", Journal of Monetary Economics, 19, S. 349 - 376.

KEMP, M.C. (1962): "Foreign Investment and the National Advantage", Economic Record, 38, S. 56 - 62.

KEMP, M.C. (1968): "International Trade and Investment in a Context of Growth", Economic Record, 44, S. 211 - 221.

KEMP, M.C. (1976): Three Topics in the Theory of International Trade-Distribution, Welfare and Uncertainty, North-Holland, Amsterdam.

KHANG, C. (1968): "A Neoclassical Growth Model of a Resource-Poor Open Economy", International Economic Review, 9, S. 329 - 338.

KHANG, C. (1969): "A Neoclassical Growth Model of Vertically Related International Trade", Osaka Economic Papers, 17, S. 21 - 29.

KHANG, C. (1969): "A Dynamic Model of Trade between the Final and the Intermediate Products", Journal of Economic Theory, 1, S. 416 - 437.

KHANG, C. (1971): "Equilibrium Growth in the International Economy: The Case of Unequal Natural Rates of Growth", International Economic Review, 12, S. 239 - 249.

KINDLEBERGER, C.P. (1987): International Capital Movements, Cambridge University Press, Cambridge.

KITTERER, W. (1988): "Staatsverschuldung und intertemporale Allokation", Jahrb. f. Nationalök. u. Stat., 204, S. 346 - 363.

KONRAD, A. (1979): Zahlungsbilanztheorie und Zahlungsbilanzpolitik, Vahlen, München.

KOIZUMI, T., KOPECKY, K.J. (1977): "Economic Growth, Capital Movements and the International Transfer of Technological Knowledge", Journal of International Economics, 7, S. 45 - 65.

KRELLE, W. (1978): "Investitionsfunktionen", in: W. ALBERS u.a. (Hrsg.), Handwörterbuch der Wirtschaftswissenschaft, Bd. 4, S. 275 - 293.

KRUGMAN, P.R., OBSTFELD, M. (1988): International Economics - Theory and Policy, Little, Brown, Boston.

LAITNER, J. (1984): "Transition Time Paths for Overlapping-Generations Models", Journal of Economic Dynamics and Control, 7, S. 111 - 129.

LEWIS, W.A. (1954): "Economic Development with Unlimited Supplies of Labour", Manchester School of Economics and Social Studies, 22, S. 139 - 191.

LINDBECK, A., WEIBULL, J.W. (1984): Intergenerational Aspects of Public Transfers, Borrowing and Debt, Institute for International Economic Studies, Seminar Paper 299.

MACDOUGALL, G.D.A. (1960): "The Benefits and Costs of Private Investment from Abroad: A Theoretical Approach", Economic Record, 36, S. 13 - 35.

MARION, N.P., SVENSSON, L.E.O. (1984): "World Equilibrium with Oil Price Increases: An Intertemporal Analysis", Oxford Economic Papers, 36, S. 86 - 102.

MATSUYAMA, K. (1988): "Terms-of-Trade, Factor Intensities and the Current Account in a Life-Cycle Model", Review of Economic Studies, 55, S. 247 - 262.

MICHAELIS, J. (1989): Optimale Finanzpolitik im Modell überlappender Generationen, Frankfurt am Main.

MOLANA, H., VINES, D. (1988): North-South Growth and Terms of Trade: A Model on Kaldorian Lines, CEPR-Discussion Paper 248.

MURPHY, R.G. (1986): "Productivity Shocks, Non-Traded Goods and Optimal Capital Accumulation", European Economic Review, 30, S. 1081 - 1095.

MYERS, M.G. (1970): "Equilibrium Growth and Capital Movements Between Open Economies", American Economic Review, Papers and Proceedings, 60, S. 393 - 397.

NEGISHI, T. (1965): "Foreign Investment and the Long-Run National Advantage", Economic Record, 41, S. 628 - 632.

NEHER, P.A. (1970): "International Capital Movements along Balanced Growth Paths", Economic Record, 46, S. 393 - 401.

NEUMANN, M. (1982): Theoretische Volkswirtschaftslehre III, Vahlen, München.

NIEHANS, J. (1984): International Monetary Economics, John Hopkins University Press, London.

NIEHANS, J. (1985): "Zins und Kapitalbewegungen im allgemeinen Gleichgewicht", in: H. HESSE u.a. (Hrsg.), Außenwirtschaft bei Ungewißheit, Mohr, Tübingen.

NIEHANS, J. (1986): "Internationale Kredite mit undurchsetzbaren Forderungen", in: A. GUTOWSKI (Hrsg.), Die Internationale Schuldenkrise, S. 151 - 179, Duncker & Humblot, Berlin.

OBSTFELD, M. (1980): "Intermediate Imports, the Terms of Trade and the Dynamics of the Exchange Rate and Current Account", Journal of International Economics, 10, S. 461 - 480.

OBSTFELD, M. (1982): "Aggregate Spending and the Terms of Trade: Is There a Laursen-Metzler Effect?", Quarterly Journal of Economics, 97, S. 251 - 270.

ONIKI, H., UZAWA, H. (1965): "Patterns of Trade and Investment in a Dynamic Model of International Trade", Review of Economic Studies, 32, S. 15 - 38.

ONITSUKA, Y. (1974): "International Capital Movements and the Patterns of Economic Growth", American Economic Review, 64, S. 24 - 36.

ONITSUKA, Y. (1975): "International Capital Movements, Economic Growth and the Patterns of Trade and Balance of Payments, an Extension", Osaka Economic Papers, 25, S. 99 - 124.

PERSSON, T. (1985): "Deficits and Intergenerational Welfare in Open Economies", Journal of International Economics, 19, S. 67 - 84.

PERSSON, T., SVENSSON, L.O.E. (1985): "Current Account Dynamics and the Terms of Trade: Harberger-Laursen-Metzler Two Generations Later", Journal of Political Economy, 93, S. 43 - 65.

PREBISCH, R. (1950): The Economic Development of Latin America and its Principal Problems, United Nations, New York.

PREBISCH, R. (1959): "Commercial Policy in Underdeveloped Countries", American Economic Review, 49, S. 251 - 283.

RAMASWAMI, V.K. (1968): "International Factor Movement and the National Advantage", Economica, 35, S. 309 - 310.

RAZIN, A. (1984): "Capital Movements, Intersectoral Resource Shifts and the Trade Balance", European Economic Review, 26, S. 135 - 152.

RIESS, A.-D. (1988): Optimale Auslandsverschuldung bei potentiellen Schuldendienstproblemen, Frankfurt am Main.

ROMMELFANGER, H. (1977): Differenzen- und Differentialgleichungen, Zürich.

ROSE, K. (1986): Theorie der Außenwirtschaft, 9. Aufl., Vahlen, München.

RUFFIN, R.J. (1979): "Growth and the Long-Run Theory of International Capital Movements", American Economic Review, 69, S. 832 - 842.

RUFFIN, R.J. (1984): "International Factor Movements", in: R.W. JONES, P.B. KENEN (Hrsg.), Handbook of International Economics, 1, S. 237 - 288.

SAAVEDRA-RIVANO, N., WOOTON, I. (1983): "The Choice between International Labour and Capital Mobility in a Dynamic Model of North-South Trade", Journal of International Economics, 14, S. 251 - 261.

SACHS, J.D. (1981): "The Current Account and Macroeconomic Adjustment in the 1970s", Brooking Papers on Econ. Activity, 1, S. 201 - 268.

SACHS, J.D. (1984): "Theoretical Issues in International Borrowing", Princeton Studies in International Finance 54.

SAMUELSON, P.A. (1958): "An Exact Consumption-Loan Model of Interest with or without the Social Contrivance of Money", Journal of Political Economy, 66, S. 467 - 482.

SAMUELSON, P.A. (1975): Volkswirtschaftslehre, Bd. 2, 6. Aufl., Bund-Verlag, Köln.

SCHITTKO, U.K., ECKWERT, B. (1988): "Intertemporal Aspects in an Aggregated Two-Country Monetary Macro Model", Empirica - Austrian Economic Papers, 15, S. 77 - 94.

SCHMID, M. (1976): "A Model of Trade in Money, Goods and Factors", Journal of International Economics, 6, S. 347 - 361.

SCHMID, M. (1985): Vorleistungshandel - Wertschöpfung durch grenzüberschreitende Produktveredelung, Diskussionsbeitrag 2 - 85, Universität der Bundeswehr Hamburg.

SCHMID, M. (1987): External Debt and the Wealth of Nations with Overlapping Generations, Diskussionspapier 2 - 87, Universität der Bundeswehr Hamburg.

SCHMID, M. (1988): "Fiscal Strategies, Foreign Indebtedness, and Overlapping Generations", Empirica - Austrian Economic Papers, 15, S. 95 - 115.

SCHMID, M., GROSSMANN, H. (1986): "Auslandsverschuldung im Modell mit überlappenden Generationen", in: R. ERTEL, H.J. HEINEMANN (Hrsg.), Aspekte internationaler Wirtschaftsbeziehungen, Niedersächsisches Institut für Wirtschaftsforschung, NIW-Vortragsreihe 2, S. 23 - 59.

SCHRÖDER, J. (1978): "Kapitalbewegungen, internationale, II: Theorie und Politik", in: W. ALBERS, u.a. (Hrsg.), Handwörterbuch der Wirtschaftswissenschaft, Bd. 4, S. 389 - 404.

SIEBERT, H. (1984): Außenwirtschaft, 3. Aufl., Stuttgart.

SINGER, H.W. (1950): "The Distribution of Gains Between Investing and Borrowing Countries", American Economic Review, 40, S. 473 - 510.

SINN, H.W. (1984): "Die Bedeutung des Accelerated Cost Recovering System für den internationalen Kapitalverkehr", Kyklos, 37, S. 542 - 576.

SMITH, A. (1984): "Capital Theory and Trade Theory", in: R.W. JONES, P.B. KENEN (Hrsg.), Handbook of International Economics, 1, S. 289 - 324.

SÖDERSTEN, B. (1981): "Comments", in: S. GRASSMAN, E. LUNDBERG (Hrsg.), The World Economic Order - Past and Prospects, S. 458 - 463, Macmillan Press, London.

SOLOW, R.M. (1956): "A Contribution to the Theory of Economic Growth", Quarterly Journal of Economics, 70, S. 65 - 94.

SPRAOS, J. (1983): Inequalizing Trade?, Clarendon Press, Oxford.

STEIN, J.L. (1969): "A Minimal Role of Government in Achieving Optimal Growth", Economica, 34, S. 139 - 150.

STOBBE, A. (1984): Volkswirtschaftslehre I, Volkswirtschaftliches Rechnungswesen, 6. Aufl., Springer-Verlag, Berlin.

SVENSSON, L.E.O. (1984): "Oil Prices, Welfare and the Trade Balance", Quarterly Journal of Economics, 99, S. 649 - 672.

SVENSSON, L.E.O., RAZIN, A. (1983): "The Terms of Trade and the Current Account: The Harberger-Laursen-Metzler Effect", Journal of Political Economy, 91, S. 97 - 125.

SWAN, T.W. (1956): "Economic Growth and Capital Accumulation", Economic Record, 32, S. 334 - 361.

TOBIN, J., BRAINARD, W.C. (1977): "Asset Markets and the Cost of Capital", in: B. BALASSA, R. NELSON (Hrsg.), Economic Progress, Private Values and Public Policy, Essays in Honor of William Fellner, North-Holland, Amsterdam.

VAN BOCHOVE, C.A. (1982): Imports and Economic Growth, Den Haag, Boston, London.

VAN WIJNBERGEN, S. (1984) "The Optimal Investment and Current Account Response to Oil Price Shocks under Putty-Clay Technology", Journal of International Economics, 17, S. 139 - 147.

VAN WIJNBERGEN, S. (1985): "Interdependence Revisited: A Developing Countries Perspective on Macroeconomic Management and Trade Policy in the Industrial World", Economic Policy: A European Forum, 1, S. 82 - 137.

VOSGERAU, H.-J. (1980): "Wachstumstheorie II: neoklassische", in: W. ALBERS u.a. (Hrsg.), Handwörterbuch der Wirtschaftswissenschaft, Bd. 8, S. 492 - 512.

WAN, H.Y. (1971): "A Simultaneous Variational Model for International Capital Movement", in: J.N. BHAGWATI u.a. (Hrsg.), Trade, Balance of Payments and Growth, S. 261 - 287, North-Holland, Amsterdam.

WANDEL, E. (1978): "Kapitalbewegungen, internationale, I: Geschichte", in: W. ALBERS u.a. (Hrsg.), Handwörterbuch der Wirtschaftswissenschaft, Bd. 4, S. 378 - 388.

WHITE, B.B. (1978): "Empirical Tests of the Life-Cycle Hypothesis", American Economic Review, 68, S. 547 - 560.

ZEE, H.H. (1988): "The Sustainability and Optimality of Government Debt", IMF Staff Papers, 35, S. 658 - 685.

ZIESEMER, T. (1986): "Economic Development and Endogenous Terms of Trade Determination: Review and Reinterpretation of the Prebisch-Singer-Thesis", unveröffentlichtes Diskussionspapier.

Ludwig Leyendecker

Auslandsverschuldung und Völkerrecht

Frankfurt/M., Bern, New York, Paris, 1988. XXII, 386 S.
Europäische Hochschulschriften: Reihe 2, Rechtswissenschaft. Bd.751
ISBN 3-631-40509-X br./lam. DM 89.--/sFr. 74.--

Die Verschuldungskrise der Dritten Welt ist täglich Gegenstand von Analysen und Stellungnahmen in Politik und Medien. Wenig beachtet sind bisher die neuen rechtlichen Fragestellungen, die die hohe Auslandsverschuldung zahlreicher Staaten aufgeworfen hat. Die vorliegende Arbeit betrachtet diese Fragen aus dem Blickwinkel des internationalen Rechts: Dürfen die Banken in das Vermögen souveräner Schuldner vollstrecken? Was passiert, wenn ein Staat zahlungsunfähig wird? Gelten in einem solchen Fall ähnliche Regeln wie im nationalen Konkurs- oder Vergleichsrecht? Darf ein Schuldnerstaat ein Moratorium verkünden? Oder sich mit anderen zu einem Schuldnerkartell zusammenschließen?

Diese und andere Fragen werden nach klassischem Völkerrecht, aber auch unter Berücksichtigung der Staatenpraxis der jüngsten Zeit untersucht. Ein besonderes Augenmerk gilt dabei der Rolle des Internationalen Währungsfonds, der zur zentralen Instanz in den transnationalen Umschuldungsverhandlungen des letzten Jahrzehnts geworden ist.

Aus dem Inhalt: Das Rechtsregime der verschiedenen Darlehensverträge (Zwischenstaatliche Darlehen, Finanzhilfen von Weltbank, EG und Internationalem Währungsfonds, Bankdarlehen, Internationale Anleihen) - Die Rechtsfolgen einer Verletzung der Rückzahlungspflicht - Zahlungsverzug von Privaten aufgrund staatlichen Schuldenmanagements - Fortfall der Zahlungspflicht (clausula rebus sic stantibus, Notstand) - Sittenwidrige Darlehensverbindlichkeiten? - Ansprüche auf Erleichterung der Schuldenlast - Die Praxis der Umschuldungen - Sanktionen der Gläubiger bei Nichterfüllung von Zahlungspflichtigen.

Verlag Peter Lang Frankfurt a.M. · Bern · New York · Paris
Auslieferung: Verlag Peter Lang AG, Jupiterstr. 15, CH-3000 Bern 15
Telefon (004131) 321122, Telex pela ch 912 651, Telefax (004131) 321131
- Preisänderungen vorbehalten -

Armin-Detlef Rieß

Optimale Auslandsverschuldung bei potentiellen Schuldendienstproblemen

Frankfurt/M., Bern, New York, Paris, 1988. XVI, 351 S.
Staatliche Allokationspolitik im marktwirtschaftlichen System. Bd. 27
Verantwortlicher Herausgeber: Prof. Dr. Heinz König
ISBN 3-631-40462-X br./lam. DM 87.--/sFr. 72.--

Die aktuelle Schuldenkrise hat abermals gezeigt, daß Abweichungen von vereinbarten Schuldendienstzahlungen und somit Schuldendienstprobleme inhärente Begleiterscheinungen internationaler Kreditbeziehungen sind. Aufbauend auf der Hypothese, daß die Existenz potentieller Schuldendienstprobleme die Kreditwürdigkeit eines Landes und damit die Bedingungen der Auslandskreditaufnahme negativ beeinflußt, liefert die vorliegende Arbeit eine wirtschaftstheoretische Analyse optimaler Wachstums- und Auslandsverschuldungsprozesse. Unter Verwendung ausgewählter Indikatoren potentieller Schuldendienstprobleme als Determinanten des vom Schuldnerland zu zahlenden Kreditzinses wird die Problematik einer optimalen Auslandsverschuldung im Rahmen dynamischer Optimierungsmodelle erörtert. Hierbei zeigt sich insbesondere, daß auch in dezentral organisierten Volkswirtschaften korrigierende Interventionen in den marktwirtschaftlichen Lenkungsmechanismus notwendig werden können, um das volkswirtschaftlich optimale Verhalten individueller Entscheidungsträger herbeizuführen.

Verlag Peter Lang Frankfurt a.M. · Bern · New York · Paris
Auslieferung: Verlag Peter Lang AG, Jupiterstr. 15, CH-3000 Bern 15
Telefon (004131) 321122, Telex pela ch 912 651, Telefax (004131) 321131
- Preisänderungen vorbehalten -